Dieser Band erscheint mit freundlicher Unterstützung
der Ostdeutschen Sparkassenstiftung
im Freistaat Sachsen gemeinsam mit
der Stadtsparkasse Dresden

Dirk Welich

# Der Zwinger

## Dresdens berühmter Festbau

Sachsens Schönste Schlösser, Burgen und Gärten

Edition Leipzig

Frontispiz: Treppenaufgang im Wallpavillon

Die Deutsche Bibliothek – CIP Einheitsaufnahme
Ein Titeldatensatz für diese Publikation ist bei der Deutschen Bibliothek erhältlich.
ISBN 3-361-00543-4


Edition Leipzig ist ein Unternehmen der Verlagsgruppe Dornier.
www.dornier-verlage.de



Umschlag und Layout: Atelier für grafische Gestaltung, Leipzig
Reproduktionen: Förster & Borries, Zwickau
Druck: Westermann Druck, Zwickau
Printed in Germany

Gedruckt auf alterungsbeständigem Papier mit chlorfrei gebleichtem Zellstoff.
Die Schreibweise folgt den Regeln der neuen Rechtschreibung.

# Inhalt

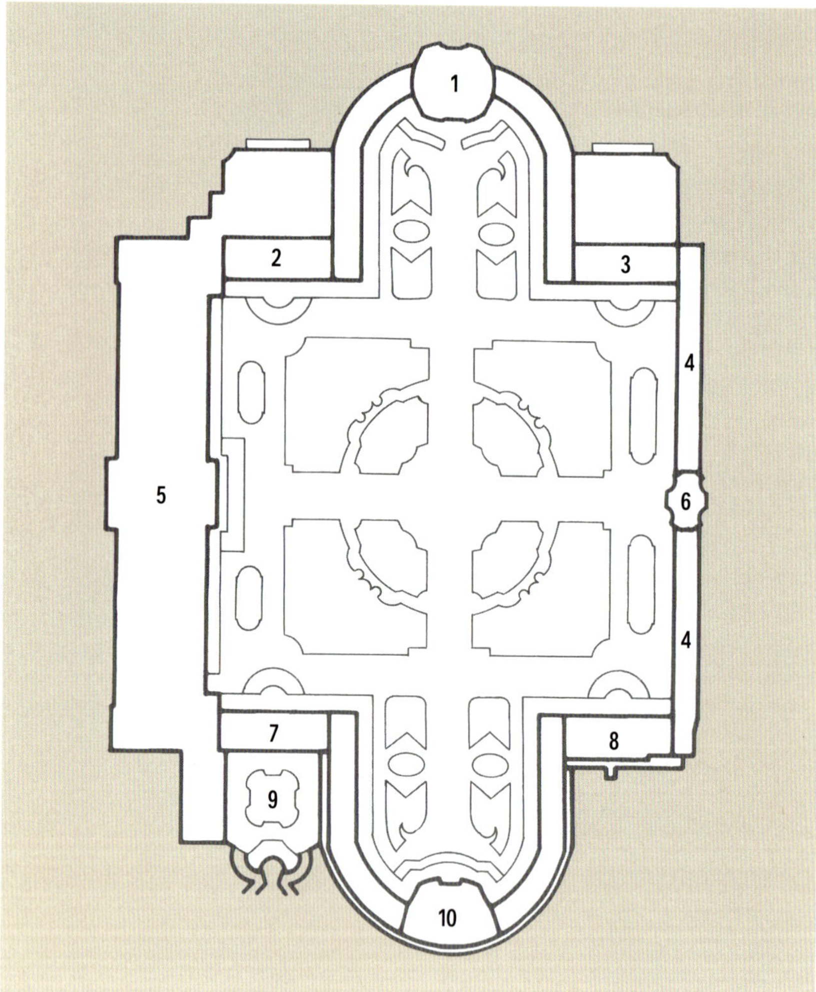


Grundriss von Zwinger
und Gemäldegalerie

1 Stadtpavillon
2 Deutscher Pavillon
3 Porzellanpavillon
4 Langgalerie
5 Gemäldegalerie
6 Kronentor
7 Französischer Pavillon
8 Mathematisch-
Physikalischer Salon
9 Nymphenbad
10 Wallpavillon

# Was man wissen sollte

| | |
|---|---|
| *Adresse* | Staatliche Schlösser und Gärten Dresden<br>Geschäftsstelle Zwinger<br>Zwinger/Theaterplatz<br>01067 Dresden |
| *Telefon* | (03 51) 4 91 46 01 |
| *Fax* | (03 51) 4 91 46 25 |
| *Internet* | www.schloesser-dresden.de |
| *E-mail* | Cornelia.Franke@schloesser-dresden.de |
| *Öffnungszeiten* | täglich von 6 bis 22 Uhr<br>Museen im Zwinger von 10 bis 18 Uhr<br>Telefon: (03 51) 4 91 46 19<br>Fax: (03 51) 4 91 46 16<br>www.staatl.-kunstsammlungen-dresden.de |
| *Anfahrt* | Autobahn – alle Abfahrten Richtung Zentrum<br>Deutsche Bahn – Hauptbahnhof, Straßenbahn Linie 8 |
| *Veranstaltungen* | siehe Veranstaltungskalender der Staatlichen Schlösser und Gärten Dresden<br>Internet: www.schloesser-dresden.de |
| *Fotografieren* | kommerzielle Aufnahmen sind gebührenpflichtig |
| *Eintritt* | frei |
| *Gastroservice/ Caféteria* | »Cafe & Restaurant Alte Meister«<br>im Braunschen Atelier hinter der Gemäldegalerie, geöffnet 10 bis 24 Uhr |

# Einführung

## *Eine Erfindung der Baukünste*

»Die Stadt Dresden scheinet gleichsam nur ein bloses Lustgebäude zu seyn, worinn sich alle Erfindungen der Baukünste angenehm miteinander vermischen, und doch besonders betrachten lassen.«[1] Die Versuchung, den Dresdner Zwinger als das Hauptwerk dieser Erfindungen vorzustellen, ist groß. Und tatsächlich bestätigen die Touristenströme auch an weniger schönen Tagen seine Anziehungskraft. Dabei weckt und verspricht der aus der Festungsarchitektur stammende Begriff »Zwinger« keine sinnlichen Erlebnisse. Im Gegenteil, wer den Raum zwischen der äußeren und inneren Befestigungsmauer einer Stadt, der zum *einzwingen* des Feindes diente, kennt, wird eine abweisende Erscheinung erwarten. Umso überraschter ist man beim Anblick des Dresdner Zwingers, der eher wie ein Schloss erscheint. Weitläufig bewegt, kraftvoll verspielt und berauschend heiter empfängt er den Besucher.

Die ausgewogen komponierten, durch Galerien verbundenen Pavillons des Zwingers dienten aber zu keiner Zeit als Schloss. Was also war der Zwinger, wozu wurde er gebaut und wie wurde er genutzt? Was haben die Zeitgenossen bei seinem Anblick empfunden? Eine Beschreibung von ICCander (Johann Christian Crell) aus dem frühen 18. Jahrhundert überliefert folgendes: »Der einige Jahre her hintern Schlosse an und theils auff der Vestung erbaute Zwinger-Garten wird seines gleichen in Europa wohl nicht finden …«[2]

Während der Herrschaft Augusts des Starken (1670/94 bis 1733) zwischen 1709 und 1728 entstanden, ist der Zwinger heute Bestandteil eines berühmten Architekturensembles. Im historischen Zentrum von Dresden gelegen

Linke Seite: Der Zwinger aus Südost. Luftbild von 1943

Blick über den Zwingerhof auf den Wallpavillon, den Französischen Pavillon und die Sempergalerie

befindet sich das Bauwerk in der Nachbarschaft von Semperoper, Katholischer Hofkirche, Residenzschloss, Schinkelwache sowie Taschenbergpalais und beherbergt in seinen Pavillons und Galerien Museen von Weltruhm. Wer Dresden besucht, besucht auch den Zwinger, dessen Kronentor als Wahrzeichen der Stadt für deren Schönheit steht. Die Bewunderung für den Zwinger war bis zum heutigen Tage allerdings nicht ungebrochen. Noch 1723 schrieb der Diplomat Johann Michael Freiherr von Loen: »Man kann nicht leicht etwas schöners und prächtigers sehen, als den neuen Zwinger …«[3] Doch schon bald nach seiner Fertigstellung schwand das Interesse. Die Ablehnung ging so weit, dass der Oberlandbaumeister Christian Friedrich Exner (1718–1798) 1780 sogar das Entfernen der Zwingerplastik vorschlug. Nach einer Renaissance im

19. Jahrhundert erhielt der Zwinger vor allem durch seine kunstgeschichtliche Einordnung im 20. Jahrhundert die ihm gebührende Wertschätzung zurück.

## *Der Standort*

Nähert man sich dem Zwinger von der Ostra-Allee her (Abb. S. 45), so ist zu erinnern, dass man sich hier im frühen 18. Jahrhundert bereits vor den Toren der Stadt befand. Hinter dem direkt am Stadtgraben angelegten Herzogin Garten lag damals schon nutzbar gemachtes Waldland. In Richtung Zwinger erhob sich dagegen direkt aus dem Wasser des Stadtgrabens die Festungsmauer der Bastion Luna. Heute, in friedlichen Zeiten, ist die unmittelbare Nähe des Gebäudes an der Festungsgrenze kaum bemerkenswert. Erwägt man allerdings, dass zur Zeit des Zwingerbaus mit kriegerischen Handlungen gerechnet werden musste, so erscheint diese »Grenzbebauung« an vorderster Front der Stadtverteidigung riskant. Die von den verantwortlichen Militärs gegen den Zwingerbau vorgetragenen Bedenken blieben jedoch unbeachtet. Schon früher (1589) hatte man auf der elbseitigen Jungfernbastion der Stadtverteidigungsanlage ein Gebäude errichtet, das »zur Lust und Ergötzung der Allerdurchlauchtigsten Landes-Herrschafft«[4] diente – das erste Belvedere von Giovanni Maria Nosseni. Auf dem westlichen Wallgelände, dem heutigen Standort des Zwingers, lag der »so genannte Zwinger-Garten/so hinter dem Churfürstl. Residentz-Schlosse innerhalb der Fortification«[5] sowie ein in der Zeit von 1673 bis 1696 durch Wolf Caspar von Klengel (1630–1691) und Johann Georg Starcke (1640–1695) errichteter Festbaukomplex mit Reit-, Schieß- und Komödienhaus. Zwischen »scharfer Ecke« und dem Reithaus befand sich ein noch ungenutzter Platz. Dieser wurde zum Ausgangspunkt des Zwingerbaus.

Folgende Doppelseite:
Blick von der südlichen Langgalerie auf die Sempergalerie und den Deutschen Pavillon mit dem Taschenbergpalais und dem Residenzschloss im Hintergrund

# Die Geschichte und Nutzung des Zwingers

## *Ein Potentat der Künste*

Der Auftraggeber für den Zwinger war Kurfürst Friedrich August I., genannt August der Starke. Als zweitgeborener Sohn war er nicht für die Thronbesteigung, sondern für eine militärische Laufbahn vorgesehen, die ihn zunächst im Pfälzischen Erbfolgekrieg in die Niederlande führte. Fähigkeiten auf militärischem Gebiet vermittelte ihm der Oberkommandant der Dresdner Festung Wolf Caspar von Klengel. Dieser besaß als Oberlandbaumeister und Verantwortlicher für die Hoffeste sowohl Kompetenz in fortifikatorischen als auch in künstlerischen Fragen und weckte dadurch erste künstlerische Neigungen bei dem jungen Prinzen. Höfische Bildung erhielt Kurprinz August vom Hofmeister Christian August Haxthausen, der ihn seit 1687 auf seiner zweijährigen Kavalierstour durch Deutschland, Frankreich, Spanien, Portugal und Italien begleitete. Auch wenn die Berichte des Hofmeisters überliefern, dass der Prinz auf dieser Kavalierstour nur Interesse an den Lustbarkeiten der fremden Länder besaß, so müssen doch auch die Kunstwerke einen bleibenden Eindruck hinterlassen haben.

Nach seinem Feldzug im Sommer 1693 gegen Frankreich reiste August im Oktober nach Venedig, Rom und Neapel und kehrte 1694 über Wien nach Dresden zurück. Durch den unerwarteten Tod seines Bruders, Kurfürst Johann Georg IV., erhielt er am 18. April 1694 die Kurwürde. Friedrich August I. war ein sinnlich begabter und in höfischen Angelegenheiten gut geschulter, für die Führung eines Landes jedoch nicht erzogener, aber mit besten Anlagen ausgestatteter Kurfürst. Diese Einschätzung entspricht dem Bild der Zeitgenossen, wie es uns durch Freiherr von Loen übermittelt ist. In seinen Aufzeichnungen finden wir: »Er hat ein ganz königliches Wesen. Er ist tapfer, großmüthig, angenehm, gefällig, und der liebenswürdigste Fürst von der Welt.«[6]

Frid. Aucust. D. G. Rex Polon. S. R. I. Archim. Et Elect. Saxon & c. Kupferstich eines unbekannten Künstlers, um 1700. Staatliche Schlösser und Gärten Dresden

Seine Großmütigkeit wurde auch von den künstlerischen Genien geschätzt, die er seit Amtsantritt um sich zu versammeln wusste und deren Können er mit außergewöhnlichen Aufgaben zur Entfaltung brachte. Matthäus Daniel Pöppelmann (1662-1736) als planender und ausführender Architekt und Balthasar Permoser (1651-1732) als Bildhauer sind neben vielen anderen Künstlern die beiden herausragenden Virtuosen, die den Dresdner Zwinger in seinem einmaligen Wechselspiel von Architektur und Plastik geprägt haben. August der Starke verfügte selbst über einen kreativen Geist und wurde zur Triebkraft eines künstlerischen Schaffens in Dresden, das in seiner Gesamtheit als »Augusteischer Barock« Eingang in die Kunstgeschichte gefunden hat.

## *Die Anfänge als Orangerie*

Für den Beginn des Zwingerbaus lieferte August selbst Idee und Zeichnung. Nach dieser Skizze sollte mit direktem Anschluss an das Komödienhaus eine Aufstellungsmöglichkeit für Orangenbäume entstehen. Zur Errichtung der im Halbrund geplanten Terrassenanlage, an deren Scheitel eine Kaskade gedacht war, flossen die ersten Baugelder 1709[7]. Anstelle der Kaskade verwirklichte Pöppelmann jedoch eine Treppenanlage, die sich noch heute in Teilen unter dem Wallpavillon befindet. 1710 begann man die Terrassenanlage mit einem Galeriebau zu einer Orangerie zu erweitern. Die Verbindung der Orangerie mit dem Festbaukomplex von Klengel und Starcke gab dieser gleichzeitig eine gebundene Form. Im Oktober 1710 drängte der König zur Fertigstellung der Orangerie,

Ideenskizze von Friedrich August I. (dem Starken) zur Orangerie im Zwinger, um 1709. Sächsisches Hauptstaatsarchiv Dresden

allerdings wünschte er nun bereits einen geschlossenen Bau. Pöppelmann notierte hierzu später: »Denn wie bekannt, waren anfänglich zu dem Dessin nur aufgemauerte Terrassen anzulegen, nachgehends aber von Ihro Königl. Majestät allergnädigst resolvieret, die Arkaden, wie sie iezo stehen darauff zu setzen und zu Erhaltung der Orangerie mit einem Dach, welches Sommerzeit wieder weggenommen werden könnte, zu bedecken.«[8]

An eine Verbindung der neuen Anlage zum Residenzschloss hatte man zu dieser Zeit nicht gedacht. Überhaupt fehlte am Anfang des Zwingerbaus eine konkrete Vorstellung von dessen Endzustand. »Weil auch Ihro Königl. Majest. erstes Absehen, damals vornehmlich auf die zu erbauende und nach der Zeit würcklich mit den allerraresten und kostbarsten Bäumen und Gewächsen angefüllete Orangerie gieng ...«[9], war eine Planung der gesamten Anlage nicht erfolgt. Anregungen für den Bau einer Orangerie wird August während seiner Kavalierstour beim Besuch des Schlosses Queluz und dessen Pomeranzengärten in Portugal erhalten haben. Doch Gärten für seltene Pflanzen hatten auch in Dresden schon Tradition. Den Herzogin Garten vor dem Wall würdigte der Chronist Anton Weck wegen seiner »Citronen/Pommeranzen/Granaten/Feigen/Lorbeer/und anderer fruchttragender/bestandener Bäume«[10]. Die Geschichte des Zwingers beginnt also mit einer Orangerie. Was aber führte zur Entstehung seiner heutigen Gestalt? Die Antwort ist eng mit den gesellschaftlichen Standards der barocken Feste verbunden.

## *Machtdarstellung in der Festkultur des Barock*

Die Festkultur des Barock diente neben der Belustigung und Unterhaltung der kurfürstlichen Hofgesellschaft auch einem ernsthaften gesellschaftspolitischen Ziel: der landesherrlichen Darstellung von Reichtum und Macht. Der Zeremonialwissenschaftler Julius Bernhard von Rohr schrieb in seinem Werk zur »Ceremoniel Wissenschaft«, über das Phänomen der Machtdarstellung: »Der gemeine Mann, welcher bloß an den äusserlichen Sinnen hangt, und die Vernunfft wenig gebrauchet, kan sich nicht allein recht vorstellen, was die Majestät des Königs ist, aber durch die Dinge, so in die Augen fallen, und seine übrigen Sinnen rühren, bekommt er einen klaren Begriff von seiner Majestät, Macht und Gewalt.«[11]

Die Machtdemonstration durch höfische Feste besitzt mit den ritterlichen Turnieren eine bis ins Mittelalter zurückreichende Tradition. In diesen erprobte man Mut, Kraft und Geschick für den Kampf. Die in der Sache begründete Gefährlichkeit der Turniere forderte dabei ihre Opfer, so dass an ihrer Stelle neue Geschicklichkeitsübungen wie Spieß- und Lanzenbrechen, Ringen, Springen, Laufen, Stein- und Stangenstoßen, Büchsen- und Armbrustschießen, Ring- oder Kopfrennen und Kübelstechen eingeführt wurden. August der Starke hatte diese Feste bereits als Kind am Hofe seines Großvaters Kurfürst Johann Georg II. erlebt und selbst als achtjähriger Knabe bei diesen Gelegenheiten auf der Bühne gestanden.

Der Zeremonialwissenschaftler von Rohr gibt über das Verhältnis von Macht und deren Demonstration noch genauer Auskunft: »Je schwerer die Regiments-Last, die grossen Herren bey der Beherrschung ihrer Länder auf dem Halse lieget, je mehr Erquickung und Ergötzlichkeit haben sie auch vonnöthen. Da auch alle Handlungen, der Regenten so wohl als der Privat-Personen, mit einander harmonieren müssen, so müssen auch ihre Divertissemens Fürstlich seyn und man kann nicht allezeit die mit einigen Unkosten vorgenommene Ergötzlichkeiten, die man bey ihren Unterthanen mit allem Recht zu mißbilligen hätte, einem grossen Herrn verdencken.«[13] August der Starke brachte es als Kurfürst zu einer neuen Dimension der Dresdner Festkultur, bei der das Verhältnis nicht immer ausgeglichen war. Doch daran war auch nicht gelegen. Im Gegenteil, je mehr Macht man scheinbar demonstrierte, um so mehr besaß man tatsächlich. Aber nicht nur der Umfang der Dresdner Feste, sondern auch das eigene Engagement Augusts des Starken als »Festarrangeur« beim Entwerfen von Programmen, von Kostümen und Ausstattungen ist exemplarisch.

Für die Genese des Zwingers sind die Aktivitäten des Kurfürsten von wesentlicher Bedeutung. Die Ausweitung der Festkultur brauchte größere und beständigere Anlagen, die die früheren Spielstätten wie Schlosshof, Altmarkt und Stallhof ersetzten bzw. ergänzten. Es darf nicht vergessen werden, dass das Volk ein wichtiger Bestandteil, sozusagen ein Adressat der Feste war, ohne den eine Demonstration von Macht und Gewalt nicht funktionieren konnte. Tribünen für eine große Anzahl von Menschen waren also unerlässlich.

Durch Georg Christian Fritzsche ist uns ein Deckfarbenblatt mit der Ansicht des Damenfestes überliefert, das anlässlich des Besuches von König Friedrich IV. von Dänemark in Dresden am 6. Juni 1709 aufgeführt wurde. Neben den dargestellten Wagen und Reitern ist die hölzerne Architektur eines Amphitheaters zu sehen, deren Entwürfe von Johann Friedrich Karcher und Matthäus Daniel Pöppelmann stammen. Diese Kulisse stand auf dem heutigen Theaterplatz und wurde nach dem Besuch des dänischen Königs wieder abgebaut. In Ermangelung dauerhafterer Räumlichkeiten war es üblich, zu entsprechenden Anlässen Gelegenheitsbauten in vergänglichem Material zu errichten. Nicht selten, wie auch im Fall des

Aufzug der Wagen und Reiter zum Damenfest am 6. Juni 1709 im hölzernen Amphietheater westlich vom Schlosse zu Dresden. Deckfarbenblatt von Georg Christian Fritzsche, 1710. Kupferstich-Kabinett, Dresden

Zwingers, wird die während der Festzeit in Korrelation mit der bestehenden städtischen Architektur geratene Scheinarchitektur Anregungen für auszuführende Bauten gegeben haben. Die langgestreckten Arkadengalerien mit den vier mittig platzierten zweigeschossigen Pavillons lassen deutlich Parallelen zum späteren Zwinger erkennen.

## *Ein rechter Bau für einen rechten Anlass*

Wie genau wir die Ausführungen Rohrs in Bezug auf die Demonstration der kurfürstlichen Stellung nehmen müssen, verdeutlichen die politischen Umstände, unter denen der Zwinger nach den Anfängen von 1709 weitergebaut wurde. August der Starke, seit 1694 Kurfürst von Sachsen und seit 1697 König von Polen, war nach dem Tode Kaiser Josephs I. im Jahr 1711 als Reichsvikar Verwalter der kaiserlichen Befugnisse bis zur Wahl des Nachfolgers. Der Zwingerbaumeister selbst weist auf diesen Umstand hin. In der Erklärung zum Titelblatt seines 1729 herausgegebenen Kupferstichwerkes zum Zwinger schreibt Pöppelmann: »Wie Se. Königl. Majest. das prächtige Gebäude des Zwinger-Gartens gleich zu derjenigen Zeit anzulegen beliebet haben, als Denenselben eben das hohe Reichs-Vicariat, in Ermangelung eines allerhöchsten Kayserlichen Ober-Haupts, zu verwalten obgelegen; …«[14] Pöppelmann würdigte also mit dem Zwingerbau die dreifache, so im Heiligen Römischen Reich noch nie in einer Person bestandene Ämtervereinigung bei August dem Starken und betrachtete sein Werk als Huldigung dieses Umstandes, der dem Landesherrn zur höchsten Ehre gereichte. Dabei verdeutlichen seine Ausführungen, wie man politische Macht äußerlich darstellt, um sie in ihrer Wirkung zu steigern. Dass der Bau diesesmal in Stein errichtet wurde und nicht in vergänglichem Holz, belegt den damit verbundenen Wunsch nach einer anhaltenden Amtsbegleitung.

Der im Oktober 1710 vorangetriebene Bau der Orangerie, für den im Dezember des gleichen Jahres noch weitere Baumittel in Höhe von 4000 Talern monatlich bewilligt wurden, sollte 1711 durch die Errichtung von Lusthäusern ergänzt werden. Pöppelmann entwarf hierfür eine Gruppe von drei Pavillons, die über Galeriebauten miteinander verbunden waren. Eine Entwurfszeichnung für eine Medaille von J. G. Fritzsche gibt uns die Situation wieder. Um diese Gruppe jedoch bauen zu können, musste für den Pavillon auf der Grabenseite die Wallmauer geöffnet werden. Dem aus militärischen Gründen dagegen protestierenden Grafen Wackerbarth teilte August der Starke mit, dass er »wahrgenommen [habe], daß die im Zwinger-Garten angelegte Orangerie auf keine [andere] Arth in Ordnung zu bringen« und Wackerbarth »aller dafor besorgenden Verantwortung« enthoben sei.[15] August der Starke hatte sich also aus künstlerischen Erwägungen gegen die Sicherheit der Festungsanlage entschieden. Der Fortgang des Baus ging zügig vonstatten. Schon im Juli 1711 wurde die Anschaffung von Kupferblechen zur »Bedeckung derer beyder Hälften derer Arcaden«, im Januar, Juni und Dezember 1712 »zu … weiter Bedeckung derer Arcaden und beyder Salons« vermerkt.[16] Allerdings befanden sich noch Reit-, Schieß- und Komödienhaus in direktem Anschluss an die Orangerie auf dem Wallgelände. Um Platz zu gewinnen, wies der Kurfürst deshalb am 16. Dezember 1711 an »… daß oberwähntes Reithaus … mit dem Comödienhaus abgetragen werde« . Für 1713 kann man die Fertigstellung der wallseitigen Pavillongruppe im Rohbau annehmen.

Die anfänglich unbestimmte Planung des Zwingers erhielt durch die vorübergehend angedachte Verbindung des Gebäudes zum Dresdner Residenzschloss eine neue Zielstellung. Zur Beseitigung des Brandschadens vom 25. März 1701 am Schloss gab August der Starke Neubaupläne in Auftrag, die seit 1703 von Marcus Conrad Dietze

Fridericus Aucustus Rex Poloniarum Elector Saxoniae. Kupferstich von Johann Martin Bernigeroth, um 1718. Staatliche Schlösser und Gärten Dresden

(1656–1704) angefertigt wurden. Pöppelmann wird als Schüler von Dietze mit an den Planungen beteiligt gewesen sein. Auf jeden Fall lieferte er später eigene Entwurfszeichnungen, die eine Erweiterung des Schlossbaus und die Einbeziehung seiner Umgebung zum Inhalt hatten. Der bis dahin separat geplante Zwingerbau war nach den Wünschen Augusts des Starken »in eine Symetrie mit dem Schloße zu bringen«.[18] Ein Grundplan zur gleichzeitigen Erweiterung von Schloss und Zwinger sowie eine perspektivische Darstellung zur Erweiterung des Zwinger-Gartens führen anschaulich vor Augen, wie dies zu denken war.

Die Dreiergruppe im Hintergrund der perspektivischen Ansicht zur Zwingererweiterung zeigt noch im Scheitel des Galeriebogens die Treppenanlage sowie die beiden Pavillons. Davor befindet sich ein großer quadratischer Platz, der im Osten von einer Pavillon-Galerie-Architektur abgeschlossen wird. Auf dem Grundplan ist zu erkennen, wie sich die Achsen von Zwinger und Schloss in der Mitte des quadratischen Platzes treffen sollten.

Bis auf die Langgalerie am Wall, für deren Dachdeckung 1715 das Kupferblech geliefert wurde, realisierte man die Planungen jedoch nicht. Am 22. Februar 1718

Perspektivische Darstellung eines Entwurfs zur Erweiterung des Zwinger-Gartens. Lavierte Federzeichnung von Matthäus Daniel Pöppelmann, um 1712. Original verschollen

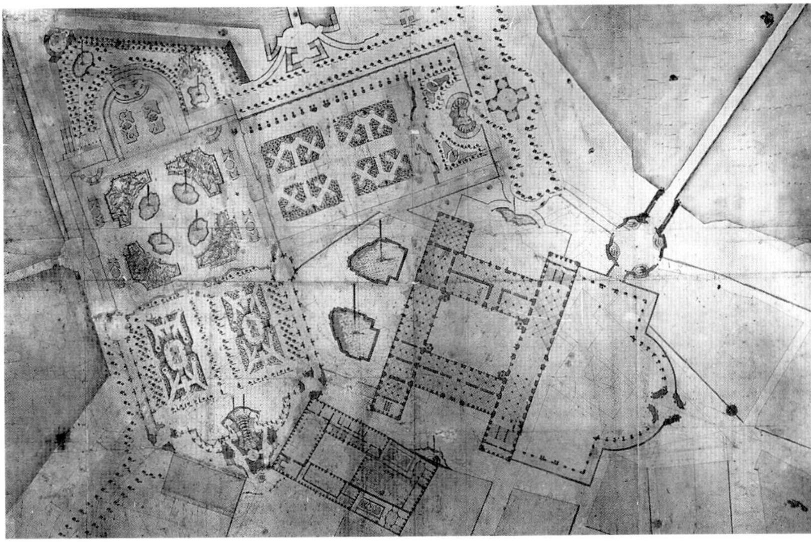

Grundplan der gleichzeitigen Erweiterung von Schloss und Zwinger mit Gartenanlagen in der verlängerten Längs- und Querachse des Zwingerhofes. Mehrfarbige Federzeichnung von Matthäus Daniel Pöppelmann, 1713/14. Sächsiches Hauptstaatsarchiv, Dresden

legte Kurfürst August in einer Aktennotiz fest: »So gehet solches nach Unseres Gnädigsten Willens Meynung dahin, daß dieser Zwinger Garthen Bau nach dem approbierten Grundriß als ein besonderes und nicht in einer Symmetrie mit dem Schloß stehendes Werk zu traktieren, wohl aber in eine bequeme und zierliche Communication mit selbigen zu bringen« sei.[19] Die Planungen für eine große Lösung mit dem Schloss hatte man also wieder aufgegeben - die Entstehung des Zwingers war von lebhaft improvisierendem Charakter!

## *Der Festbau*

Der Fortgang des Zwingerbaus erhielt erneut einen Impuls, der seine bisherige Funktion als Orangerie veränderte und ihm seine vorläufig endgültige Form geben sollte. Wieder ist es der Baumeister Pöppelmann, der uns

Das Reiterballett des Karussells der Vier Elemente im Zwingerhof zu Dresden am 15. September 1719. Lavierte Zeichnung von Carl Heinrich Jacob Fehling, 1731. Kupferstich-Kabinett, Dresden

darüber in seinem Kupferstichwerk Auskunft erteilt. Er beschreibt den Zwinger als einen ansehnlichen länglichrunden Platz, auf dem nicht nur die Orangenbäume in »schönster Ordnung« stehen könnten, sondern der auch für Ritterspiele und allerlei Lustbarkeiten des Hofes dienen soll - »öffentliche Bälle, Gastmahle, Schnepper-Schiessen, Illuminationes, Damen-Rennen, Schlitten-Fahren; vornehmlich aber das in seiner Arth ganz unvergleichliche poßierliche Ring-Rennen ... Dergleichen waren sonderlich im Jahre 1719 bey höchstbeglückt vollzogenem Beylager Ihrer Beyden Königl. Hoheiten, daß prächtige Caroussel der vier Elementen, der Auffzug und die herrliche Verkleidung zwölf verschiedener Völcker, nebst der dabei angeordneten Wirthschafft und dem kostbaren Jahrmarckt.«[20]

Letztere waren die Feierlichkeiten im Jahre 1719 anlässlich der Vermählung des Kurprinzen Friedrich August II. (1696-1763) mit der Erzherzogin Maria Josepha (1699 bis

1757), der Tochter Kaiser Josephs I. Diese Hochzeit war ein Ereignis von höchster repräsentativer Wertigkeit, da der einzige legitime Sohn Augusts des Starken die guten politischen Verbindungen zum Kaiserhaus Habsburg durch eine Vermählung dauerhaft besiegelte. Der Wettiner wurde damit kaiserlicher Anverwandter mit der Hoffnung auf die Kaiserkrone. Die politische Bedeutung verlangte nach einem architektonischen Manifest, und so fiel die Entscheidung, die Zwingergebäude, die bisher lediglich als winterlicher Unterstand für die vielen Orangenbäume gedient hatten, nun als Festspielplatz zu nutzen.

Wie bei römischen Vorbildern, sollte dieser weitläufige Festplatz von Gebäuden umschlossen werden, die Rennbahnen, Fecht-, Ring-, Jagd- und Kampfplätze, Schaubühnen, Lustbäder, Speisegemächer, Kunstkammern, Lustgerüste, Sitzplätze für Opern und Komödien, Wasserkünste und Gärten beherbergten. Geformt zu einer länglich-runden Schauburg boten die Vorbilder ausreichend Platz für die öffentlichen Sieges-, Lust- und Prachtaufzüge und die Vollziehung aller ritterlichen Leibesübungen, gleich ob zu Fuß, zu Pferd oder mit dem Wagen. Pöppelmann hatte diese Funktionen beim Bau des Zwingers berücksichtigt und ihn so »kunstreich angelegt, daß [er] alles dasjenige in sich begreifft, …«[21]. Die kunstreiche Lösung war die Wiederholung der vorhandenen Pavillongruppe auf der Stadtseite, mit der Pöppelmann die außergewöhnlich harmonische Grundrissdisposition des Zwingers schuf. Um deren Ausführung schnellstmöglich vorantreiben zu können, hatte er vom Kurfürsten noch einmal ausdrücklich Verantwortung und Vollmacht erhalten.[22]

Reibungslos verlief die Erweiterung trotzdem nicht. Den römischen Vorbildern entsprechend wünschte der Kurfürst neben der Fertigstellung des Zwingers die Schaffung eines neuen Opern- und Redoutenhauses; beide Bauten sollten noch vor dem Zwinger fertig gestellt wer-

Innenansicht des Dresdner Opernhauses während der Aufführung der Oper »Teofane« von Pallavicini und Lotti anlässlich der Vermählung des Kurprinzen. Lavierte Federzeichnung von Jacob Heinrich Fehling, nach 1719. Kupferstich-Kabinett, Dresden

den. Unter höchstem Druck entstanden die gewünschten Gebäude hinter den inzwischen spiegelbildlich ausgeführten Pavillons. Die Innenausgestaltung beider Häuser übernahm der Italiener Alessandro Mauro.

Die knappe Zeit bis zu den Vermählungsfeierlichkeiten fürchtend und die sich immer wieder sprunghaft ändernden Entscheidungen Augusts des Starken ahnend, hatte Graf Wackerbarth als Generalintendant des Oberbauamtes 1718 eine Eingabe an den König gemacht. Er betonte darin den »Nachteil und Schaden« sowie die Unkosten die entstehen, wenn man die »Dessins in Execution« bringt, »bevor man dieselben nach allen erfordernden Umbständen in reiffe Ueberlegungen gezogen« hat.[23] Wahrscheinlich ungewohnt, wird diese Kritik an seiner übereilten Vorgehensweise und der daraus folgenden

Fest im Zwinger September 1719.
Oben: Wallpavillon
Unten: Stadtpavillon mit Opernhaus.
Kupferstich von Johann August Corvinus, 1719.
Kupferstich-Kabinett, Dresden

Misswirtschaft den Kurfürsten getroffen haben. Letztendlich gab der Bauverlauf dem Generalintendanten Recht. Die Zeitnot zwang die Verantwortlichen, Teile der südöstlichen Bogengalerie und den Stadtpavillon behelfsmäßig aus Holz zu errichten. Die weite Öffnung der Anlage zur Elbe hin schloss Pöppelmann ebenfalls mit einer hölzernen Tribüne, in deren Mitte sich eine große zweigeschossige Loge befand.

Erst im Jahre 1723 erfolgte dann die Fertigstellung des Stadtpavillons und der anschließenden Bogengalerie. Wieder sind es die in den Akten vermerkten Kupferlieferungen für die Dachdeckung, die verlässliche Angaben über die einzelnen Gebäude geben und uns das Jahr 1728 als vorläufigen Abschluss für den Zwingerbau nennen.[24]

## *Die Feste*

Als Festplatz, Festarchitektur und Festkulisse für die Hochzeitsfeier des Kurprinzenpaares erfüllte sich fast zehn Jahre vor Fertigstellung die eigentliche Bestimmung des Zwingers. Die Vermählung hatte bereits am 20. August 1719 in Wien stattgefunden und wurde mit einem zweitägigen Fest gefeiert. Der Aufwand in Dresden war bedeutend größer, das Fest selbst ein Kunstwerk. Insgesamt vier Wochen dauerten die Feierlichkeiten, die unter dem Thema der sieben Planetengötter standen. Sie begannen mit dem Empfang des Hochzeitspaares, das am ersten Tag mit einem venezianischen Lustschiff von Pirna aus elbabwärts bis Dresden gebracht wurde, und endete schließlich in Moritzburg. Dazwischen lagen viele Stationen, wie das Venusfest am 23. September im Großen Garten. Den Höhepunkt bildete zweifellos ein mehrtägiges Programm im Zwinger. ICCander hat zum Festablauf überliefert: »Die übrigen vorseyenden Lustbarkeiten sind auf nachfolgende Zeit und Tage verleget. Als:

Ankunft der österreichischen Prinzessin Maria Josepha am 2. September 1719 in Dresden. Ausschnitt aus einer lavierten Zeichnung von Anna Maria Werner, vor 1728. Kupferstich-Kabinett, Dresden

Fünfter Titelblattentwurf für das Kupferstichwerk zur Dresdner Hochzeit 1719. Lavierte Pinselzeichnung von Johann Heinrich Wentzel, 1730. Kupferstich-Kabinett, Dresden

Den 2. Septembr. Einzug …
10. Feuerwerck …
12. Tournier …
14. Ein Carrusel, vorstellend die 4. Elemente«[25]

Dank dem Interesse der Zeitgenossen besitzen wir auch ein recht genaues Bild von dem Festmarathon. August der Starke fasste bereits kurz nach der Beendigung den Entschluss, die Feierlichkeiten in einem aufwändigen Kupferstichwerk zu dokumentieren. Obgleich das Vorhaben unvollendet geblieben ist, geben verschiedene Künstler über die Feierlichkeiten Kunde. So sehen wir auf einer Zeichnung von Anna Maria Werner die Ankunft des Hochzeitspaares an der alten Vogelwiese am 2. September. Das Paar hat bereits die venezianische Gondel über den Landungssteg verlassen und schreitet nach zeitgenössischen Berichten zwischen den Zuschauern auf ein türkisches Zeltlager zu. Das Feuerwerk auf der Elbe am

Das Feuerwerk auf der Elbe am 10. September 1719. Radierung von Johann August Corvinus, 1719. Kupferstich-Kabinett, Dresden

10. September, von Johann August Corvinus (1683–1783) festgehalten, inszenierte die Argonautensage mit dem Kampf um das Goldene Vlies. Auf dem Blatt bildet der Tempel von Kolchis den Schlussprospekt. Das wirklich beeindruckende Feuerwerk gehörte dabei lediglich zum »Vorspiel« der Zwingerfeste.

Zum Jupiterfest am 15. September erfolgte die Taufe des Zwingers. Fehling liefert uns das Blatt mit dem Rei-

Quadrille des Feuers beim Karussell der Vier Elemente am 15. September 1719 in Dresden. Lavierte Zeichnung von Carl Heinrich Jacob Fehling, 1731. Kupferstich-Kabinett, Dresden

terballett des Karussells der Vier Elemente (Abb. S. 24). Vom Kronentor aus sieht man über den Zwingerhof, der zur Elbe hin mit der provisorischen Zuschauertribüne abgeschlossen ist. Über deren ansteigenden Sitzreihen erhebt sich noch eine Kolonnadengalerie, in der ebenfalls Zuschauer Platz genommen haben. Überhaupt ist der gesamte Zwinger mit Ehrengästen und Claqueuren angefüllt. Im Zentrum des Festplatzes, umrahmt von einer Militärparade, führt ein Pferdeballett Reitfiguren auf. Anregungen zu dieser ersten Aufführung in Dresden wird das Wiener Ross-Ballett geliefert haben.[26] Die von Alessandro Mauro für das Reiterfest entworfenen phantastischen Kostüme versinnbildlichten die vier Elemente.

Das Szenario beschreibt auch David Fassmann, der Biograph Augusts des Starken: »Um 12 Uhr kamen alle Quadrillen auf dem Ostra-Vorwerk bey Ihro Majest. dem König zusammen, da indessen alle Anstalten im Zwinger-Garten gemacht worden, alle Pyramiden waren fertig, und

Tafeln der Nationen im Zwinger am 20. September 1719. Kupferstich von Anna Maria Werner, um 1720. Sächsisches Hauptstaatsarchiv

Vue de Place interieure di Jardin Roial de l'Orangerie illumineé, ainsi que les Boutiques des Marchands, qui forment l'Enclos de la Mercerie. Radierung vermutl. von Johann August Corvinus, 1719. Kupferstich-Kabinett, Dresden

waren derselben 16. ... Um alle diese Pyramiden war mit vielen Postamenten eine Galerie gezogen ... Die Königl. Loge war gleichfalls wie eine Pyramide gebauet, und auf derselben lag eine güldne Krone auf einem rothen Kissen. Vor selbiger gleich unten war eine große Maschine, so die vier Elemente repraesentirte, verfertiget, solche bewegten sich beständig, und saß in selbiger Jupiter.«[27] Das selbiger Jupiter August der Starke in Person war, versteht sich dabei von selbst.

Bereits fünf Tage später, am 20. September, wurde der Jahrmarkt der Nationen im Zwinger aufgeführt. Die Vorbereitungen hatte August der Starke persönlich überwacht, war er doch »Augustus invitator«. Als solcher ließ er sich mit Versen in der abendlichen Illumination des Festes feiern: »Das ist ein guter Wirth! Das ist ein reicher Mann, / der solchen Jahrmarkt hält, so Wirthschaft führen kann, / Und seine Garten gar dem Himmel ähnlich machet, / Daß er im Dunckeln auch mit hundert Augen lachet. Sagt! wird nicht jede Lamp und jegliche Latern, / Ihm hier ein Ruhm-Gestirn, und uns ein Freuden-Stern.«[28]

»Divertissemens« der großen Herren fanden nach der Hochzeit des Kurprinzenpaares 1719 nur noch wenige im Zwinger statt. Zur Karnevalszeit folgten 1721 »die Kramer Budiquen im Zwinger« und 1722 ein »Caroussel comique (Abb. S. 34)«, bei dem acht Reiterquadrillen mit italienischen Masken im Zwinger aufzogen. 1728 waren Friedrich Wilhelm I. von Preußen und Kronprinz Friedrich im Zwinger zu Gast. Doch die Zeit der pompösen Feste ging zu Ende. Die Epoche des Rokoko liebte intimere Feste in kleinen Lusthäusern auf dem Lande, ohne große Zuschauermengen und kostspieligen Aufwand.

Diese Entwicklung brachte andere Nutzungsvarianten für den Zwinger. August der Starke war als Kunstkenner auch ein Kunstsammler. In Frankreich hatte er das Sammeln der Kunstwerke und deren Zentralisierung im Louvre zur größten Pracht des Hofhaltens kennen gelernt. Ebenso wird ihm der nahe Madrid gelegene Escorial Inspirationsquell gewesen sein, um seiner Repräsentation auch auf diesem Gebiet Königliches zu verleihen.

Schon in den weit greifenden, aber unausgeführten Dresdner Schlossneubauplänen seit 1712 waren Räume für die Präsentation der Kunstsammlung vorgesehen gewesen. Die Festpavillons des Zwingers boten nun neue Möglichkeiten. Nachdem im Jahre 1730 mit dem Orangeriebau im nahe gelegenen Herzogin Garten bereits eine neue Unterkunft für die über 1000 Orangenbäume zählende Pflanzensammlung gefunden worden war, »[haben] Sie [August der Starke] in die sämtlichen Gallerien und einige Säle dieses weitläuffigen Gebäudes an jener statt, nunmehro Ihre sämtliche pretieuse, curieuse und rare Cabineter von Medaillen, Naturalien, Antiquitäten, Mineralien, Petrefactis, Animalien, Insecten, Conchilien, curieuser in Bernstein befindlicher bewunderns-würdigen Sachen, auch mancherley Gattungen inn- und ausländi-

Caroussel Comique Aufzug im Zwinger. Gemälde von Johann Alexander Thiele, 1722. Gemäldegalerie Alte Meister, Dresden

scher Hölzer dahin zu bringen befohlen«[29]. Der alles lenkende Dirigent August der Starke überwachte auch mit seiner »beywohnenden Anordnungs-Kunst« die Einrichtung der »sämtlichen Gallerien und Säle« zu einem Tempel der Musen. Alle heutigen Museen im Zwinger sind Gründungen bzw. Erweiterungen dieser Zeit, auch großartige Erwerbungen wie Raffaels »Sixtinische Madonna«.

Vergegenwärtigen wir uns noch einmal den Anfang des Zwingers als Orangerie bzw. als ein Stück terrassenartige Wallgestaltung, die mit dem späteren Bauwerk außer dem Ort und der Bogenform noch nicht viel gemein hatte. »Mit Recht konnte der Chronist Kern in seiner Sammlung ›Dreßdnische Merkwürdigkeiten‹ 1730 den Zwinger nach seiner neuen Verwendung nunmehr als ›Palais Royal des Sciences‹ bezeichnen, nachdem seine Aufgaben als Orangerie, ›Hortus Hesperidum‹, und als Festspielplatz, ›Theatrum Heroicum‹, erfüllt waren.«[30]

## *Im Wandel der Zeit*

Mit dem Tod Augusts des Starken 1733 ging das ohnehin schon geminderte Interesse am Zwinger weiter zurück. Noch vor 1731 waren einzelne Sammlungsteile in den Pavillons untergebracht worden. Die Nutzungsänderung ist dabei nicht außergewöhnlich, verdankt man ihr doch auch das Bemühen um den Erhalt des Gebäudes. Trotzdem wurde der Zwinger in seinem fast dreihundertjährigen Bestehen mehrfach zerstört. Rechnet man die ständigen Arbeiten der 1991 wieder gegründeten Zwingerbauhütte hinzu, so hat man den Zwinger sechsmal wieder aufgebaut bzw. restauriert und rekonstruiert - selbst in klassizistischen Zeiten, in denen der barocke Stil nicht gerade hoch in der Gunst stand.

Ersten Schaden erlitt das Bauwerk im Siebenjährigen Krieg bei der Beschießung durch Preußen in den Jahren 1759/60. Es vergingen 23 Jahre, ehe man die finanziellen Kräfte für eine Restaurierung aufbringen konnte. Mit der Leitung der ersten Zwingerrestaurierung von 1783 bis 1795 hatte man den Architekten Johann Daniel Schade (1730 bis 1798) beauftragt. Zusammen mit den Bildhauern Johann Baptist Dorsch (1744-1789), Thaddäus Wiskotschill (1753-1795) und Johann Christian Feige d. J. (1720-1788) arbeitete Schade an der Wiederherstellung. Dabei entstand nachträglich das bis dahin unausgeführte Figurenprogramm an der Stadtseite, das man mit klassizistischen Arbeiten ergänzte.

1806 bis 1813 kam es während der napoleonischen Kriege zu erneuten Beschädigungen an Plastik und Architektur. Es dauerte lange, bevor eine Wiederherstellung erfolgen konnte; jedoch veränderte man bis 1849 das Umfeld. Der Zwingergraben wurde verfüllt, Pflanzungen und Gartenanlagen entstanden auf dem Wall.

Verluste, die wir heute insbesondere bei der Bewertung des ikonologischen Programms schmerzlich bemerken,

Folgende Doppelseite: Der Zwingerhof. Gemälde von Bernado Bellotto, genannt Canaletto, 1753. Gemäldegalerie Alte Meister, Dresden

Das Opernhaus und der Zwinger zu Dresden nach dem Maiaufstand 1849. Lithographie von Walther Bässler, 1849. Kupferstich-Kabinett, Dresden

brachte die Revolutionszeit 1849. In diesen Tagen brannten der Stadtpavillon, der Zoologische Pavillon (heute Porzellanpavillon) und das an diesen angrenzende Opernhaus ab. Auch der stadtseitige Herkules Saxonikus stürzte vom Dach.

Trotz der Kriegswirren entstand gleichzeitig das Galeriegebäude Gottfried Sempers (1803-1879) von 1847 bis 1855 als notwendige neue Galerie, die das Stallgebäude am

Brand des alten Opernhauses und der Zwingerstraße. Lithographie eines unbekannten Künstlers, 1849

Wache auf dem Zwingerwall nach den Maikämpfen 1849. Zeitgenössisches Gemälde von Robert Wehle. Stadtmuseum Dresden

Jüdenhof ersetzte. Für die Lage des neuen Gebäudes an der Nordseite des Zwingers hatte sich schon Karl Friedrich Schinkel (1781–1841) ausgesprochen. Es ersetzte den hölzernen Galeriebau und schloss den Zwinger endgültig zur Elbe hin ab. Mit diesem Bauwerk erhielt die Stadt einen Museumsbau, der den Ansprüchen des 19. Jahrhunderts entsprach und auch aus konservatorischer Sicht die neuen Maßstäbe berücksichtigte. Im Baustil gelang Semper eine gelungene Vermittlung, ohne das sich das Gebäude dem Zwinger unterordnete, aber auch ohne dass es ihn dominierte. Die Bewegtheit des Zwingers mit einer gestaffelten Hofseite aufnehmend, stellt der Semperbau das Bindeglied zum Theaterplatz dar.

Hatten Dorsch, Wiskotschill und Feige aus den rohen Bossen das Figurenprogramm mit Blick auf den Wallpavillon zu vollenden versucht und nur Fehlstellen durch klassizistische Werke ersetzt, so kam es durch Schüler von Julius Hähnel (1811–1891) in den Jahren 1852 bis 1857 zu einer Restaurierung der Zwingerplastik im akademisch glatten und unbewegt nüchternen Neorenaissancestil. Aus konservatorischen Überlegungen und um die Gebäude der neu gebauten Sempergalerie anzugleichen, strich man den Zwinger während der zweiten Restaurierung unter Moritz Haenel (1809–1880) zwischen 1857 und 1863 mit

Zwinger während des Hochwassers am 6. September 1890. Foto von R. Tamme. Kupferstich-Kabinett, Dresden

Ölfarbe, in der Überzeugung, ihn damit auch vor Umwelteinflüssen besser schützen zu können.

Während der dritten Zwingerrestaurierung zwischen 1880 und 1898 ergänzte man Fehlstellen an der Plastik mit Zement, Angleichungen erfolgten im Schliff oder mit dem Meißel. Folge dieser Maßnahmen war die Zersetzung des Gesteins und der unwiederbringliche Verlust von originalen Oberflächen.

Zwingerhof in Richtung Stadtpavillon mit der Sophienkirche im Hintergrund, 1910. Foto von Harkert & Sohn

Unter modernen denkmalpflegerischen Gesichtspunkten fand die vierte Wiederherstellung von 1924 bis 1936 unter der Leitung von Hubert Ermisch statt. Es wurden u. a. das Nymphenbad rekonstruiert, das Deckengemälde von Fehling im Französischen Pavillon frei gelegt und die Wasserkünste wieder in Gang gesetzt. Doch dem in neuem Glanze erstrahlenden Gebäude sollte nur wenig Zeit beschieden sein. In der Nacht vom 13. zum 14. Februar 1945 verlor die Stadt ihr historisches Antlitz! Schutt und Asche blieben zurück.

Es zeugt wahrlich von ungeheurem Mut, dass sich Hubert Ermisch bereits kurz darauf an den Wiederaufbau machte. Nach seinem Tod setzten erst Max Zimmermann, dann Arthur Frenzel das Werk bis 1963 fort. Auf

Wallpavillon nach dem 13. Februar 1945

Bauabteilung für Kulturhistorische Bauten (Zwingerbauhütte), Mitarbeiter im Herbst 1951 (Hubert Ermisch, in der Mitte sitzend)

dieser Arbeit bauen die Sanierungen auf, die seit 1983 unter der Leitung von Ulrich Aust und seit 1991 mit der neu gegründeten Zwingerbauhütte unter Karl Schöppner bis in die heutigen Tage stattfinden.

Gegenwärtig dient der Zwinger noch immer als »Palais des Sciences«. Im Semperbau zeigt die Gemäldegalerie Alte Meister Werke europäischer Malerei des 15. bis 18. Jahrhunderts von bedeutenden Künstlern wie Raffael, Rembrandt, Tizian und Vermeer. Prunkwaffen, Harnische und Reitzeug stellt die Rüstkammer im gleichen Gebäude vor. Erlesene Stücke des 1709 erfundenen Meissener Porzellans, aber auch Frühkeramik und Porzellan aus China und Japan sind in der Porzellansammlung, Uhren, Globen und wissenschaftliche Instrumente aus dem 16. bis 19. Jahrhundert im Mathematisch-Physikalischen Salon zu bewundern. Wenn klassische Konzerte im Zwingerhof erklingen, lebt in sinnlichen Momenten aber auch seine Zeit als »Theatrum Heroicum« wieder auf.

# Die Zwingerarchitektur und ihre Plastik

## *Das Kronentor*

Der Zwinger ist über vier Durchgänge auf seinen Hauptachsen zu begehen. Ein spannungsreicher Zutritt führt über die Holzbrücke am Kronentor. Der Empfang ist an dieser Stelle zunächst verhalten; Wallmauer und Zwingergraben erinnern eindrücklich an ihre Verteidigungsfunktion. Auch die eingeschossige Langgalerie betont diesen eher abwehrenden Eindruck. Mit ihren großen Bogenfenstern und der abschließenden Balustrade ist sie zwar eine filigrane, aber gleich bleibende Erhöhung des Walls. Einladend durchbricht dagegen das steil aufragende Kronentor die geschlossene Architektur der Grabenfront. Es erreicht dabei die dreifache Höhe der Galerie. Durch die Absenkung des Walls im Torbereich entsteht der Ein-

Blick auf das Kronentor und die Langgalerie über den Zwingergraben

Blick von der westlichen Bogengalerie über den Zwingerhof auf die Langgalerie mit Kronentor und dem westlich anschließenden Mathematisch-Physikalischen Salon

Rechte Seite: Kronentor

druck, als wären Tor und Arkadengalerie wie eine Skulptur aus der Wallmauer herausgearbeitet worden. So betrachtet wird hier deutlich, dass das Galeriegebäude auf einem im Wallmauerwerk verborgenen Sockelgeschoss ruht. Mit diesem Detail weist die äußere Form des Zwingers bereits auf seine innere Struktur hin.

Die Architekturformen des Kronentors sind mehr als nur ein Eröffnungstakt. In der Horizontalen beenden zwei Nischen den Gleichlauf der Galeriefenster und verstärken gleichzeitig den Kontrast zu dem steilen Torbogen. Dieser wird von zwei ionischen Säulenpaaren gerahmt, die auf klassischem Gebälk gesprengte, den Scheitel des Torbogens überragende Segmentbogenstücke tragen. Spiegelt man gedanklich die nach außen geöffneten Segmentbogenstücke, wie es der Verlauf der Sockelzone anregt, ergibt sich ein antikes Triumphbogenmotiv mit großem Mittelbogen und flankierenden kleinen, durch die Nischen

angedeuteten Seitenöffnungen. Anstelle einer Attika trägt der Triumphbogen aber ein turmartiges zweites Geschoss, das die Form des mittleren Torbogens wiederholt. Hier ruhen auf rahmenden Pilasterpaaren einander zugewandte Segmentbogenstücke, die sich bis in das Giebelfeld hineinschieben - mit der Kartusche sogar darüber hinaus. So scheinen die Bögen nach oben hin noch zu wachsen, die Proportionen sich luftig zu strecken. Im wahrsten Sinne bekrönt wird das Tor von einer Kuppel, die nicht nur eine Krone trägt, sondern selbst die stilisierte Form einer solchen besitzt. Der Empfangsgestus des Kronentors liegt in der Höhe.

Wendet man sich auf der Brücke nach Westen, kann man eine Unregelmäßigkeit in der Bauflucht der Langgalerie erkennen. Als ob nicht genug Platz zur Elbe und zum Schloss hin gewesen wäre, drückt sich die Galerie an die Wallgrenze und knickt nach Osten hin ab - am westlichen Ende hat sie dann einige Meter Abstand zum Wall. Hätte am Anfang Klarheit über die endgültige Form geherrscht, so wären die Gebäude leicht in eine Regelmäßigkeit zum Wall zu bringen gewesen. Am Zwinger ist die Unregelmäßigkeit Ausdruck eines lebendigen Bauens oder auch das Ergebnis einer »genialen Improvisation« (Harald Marx), wie man sie des öfteren im Barock finden kann.

## *Langgalerie und Eckpavillons*

Beim Durchschreiten des Tores meint man, mit der gegenüberliegenden Sempergalerie einem weiteren Riegel auf einer Nord-Südachse zu begegnen. Immerhin wiederholt der Durchgang im Semperbau das Motiv des Triumphbogens (Abb.S.45). Sowie man aber den Hof betritt, entfaltet sich ein quadratischer Platz von offener Behaglichkeit, der die Beobachtungen am Kronentor bestätigt.

Mathematisch-Physikalischer Salon

Die auf der Wallseite verborgene Sockelzone der Langgalerie ist auf der Hofseite ausgearbeitet und trägt die Arkadengalerie. Das Arkadenmotiv wird aus geschlossenen Rundbogenfenstern gebildet, deren oberer Abschluss ein von Pilastern getragenes klassisches Gebälk mit aufgesetzter Balustrade ist. An der West- und Ostseite führt die umlaufende Galerie tiefe Bogenschwünge aus und legt durch die am Scheitelpunkt der Bögen befindlichen Pavillons die Hauptachse der Anlage von Ost nach West fest.

Über die konstante Horizontale der Galerie hinaus ragen in den vier Ecken die zweigeschossigen, neunachsigen Baukörper des Mathematisch-Physikalischen Salons, des Französischen Pavillons, des Deutschen Pavillons und des Porzellanpavillons. Da die umlaufende Galerie mit ihrer Struktur auch das Erdgeschoss der Pavillons prägt, wirken diese wie eingeschossige Galerieaufbauten. Aus der Nähe betrachet verschmelzen Galerie und Aufbauten zu einem Bauglied. Die Balustrade der Galerie wird zum Bestandteil des anderen Baukörpers und bleibt lediglich als Relief

Östliche Bogengalerie mit anschließendem Mathematisch-Physikalischem Salon und Französischem Pavillon

in dessen Sockelzone erkennbar. Das Motiv des Arkadenpfeilers mit vorgelegtem Pilaster wird an den Ecken der Pavillons gedoppelt und macht so die vertikale Trennung von Galerie und Pavillon sichtbar. Ein weiteres Motiv, welches die bauliche Einheit der zweigeschossigen Pavillons verdeutlicht, ist die ebenso einfache wie wirkungsvolle Hervorhebung des Portals in der mittleren Achse. Je zwei Säulen sind den Arkadenpfeilern der Mittelachse vorgestellt; sie tragen einen den Bogen überfangenden gesprengten Dreiecksgiebel, in dessen Mitte sich eine Wappenkartusche befindet. Zurückhaltender erfolgt die Heraushebung der Mittelachse im Obergeschoss durch zusätzliche Pilaster, ein Wappenschild und einen bekrönten Volutengiebel. Gänzlich klären Treppen die Situation. An allen vier Hofseiten überbrücken sie die Höhe des Sockelgeschosses und schwingen mühelos in halbrundem Doppellauf auf die schmale, den Pavillons vorgesetzte Plattform.

Treppe zum Mathematisch-Physikalischen Salon

## *Wall- und Stadtpavillon*

Gestalterische Höhepunkte zwischen der horizontalen Ausdehnung der Arkadengalerie und ihrer vertikalen Überformung durch die pavillonartigen Baukörper erfährt die Anlage am Scheitel des westlichen und östlichen Galeriebogens. Wall- und Stadtpavillon sind gemeinsam mit dem Kronentor die in aller Welt bekannten Architekturteile des Zwingers. Die am Kronentor geschilderte Spannung zwischen horizontaler »Abwehr« und vertikaler »Kraftentfaltung« wechselt an den beiden Pavillons in eine Spannung zwischen den Proportionen der einzelnen Baukörper und ihrer Stellung zueinander.

Der konkave Schwung der Bogengalerien zieht weit in den Raum hinein. An ihrem Scheitelpunkt fügte Pöppelmann die Pavillons so ein, dass sie sich konvex gegen die Bogengalerien in den Hof zurückwölben. Im Grundrissverlauf erfüllen die Pavillons damit eine Art Schluss-

Folgende Doppelseite: Blick auf den Wallpavillon aus dem Zwingerhof

steinfunktion. Gleichermaßen wie bei einem Gewölbe, scheinen die Galeriebögen den Pavillon aus sich herausgedrückt zu haben. Die Gegenbewegung von Galerie und Pavillon wiederholt sich in dessen Zwischenwänden. Überhaupt scheint die gesamte Wandfläche von lebendiger Form (Abb. S. 54). Diesen Eindruck unterstreichen im Besonderen die konischen Pilaster, die vom Sockelgesims aus nach oben zu immer stärker werden, um sich schließlich in muskulöse Hermen zu verwandeln.

In der Horizontalen bleibt die Gliederung zur Beruhigung dieses kraftvollen nach oben Strebens gleich. Das verkröpfte Gesims der Sockelzone läuft bei geöffneten Arkadenbögen um die Pfeiler weiter und markiert so zumindest optisch die Sockelhöhe. Auch die Balustrade wird ungebrochen in der Front des Pavillons weiter geführt; sie hält gleichsam die in den Hof zurück wirkenden Kräfte des Pavillons zusammen. Der straffen horizontalen Gliederung wirken allerdings, ähnlich wie am Kronentor, die in ihrer Höhe rhythmisierten Torbögen entgegen. Wie schon bei den Eckpavillons sitzt auch hier auf dem ausgeformten Galerievorsprung ein Pavillon, der über der durchgehenden Balustrade die Formen des Erdgeschosses freier, mit kräftig aufstrebenden Pfeilern wiederholen kann. Die Pfeilerpilaster nehmen wieder ein Gesims auf, nur ist es zierlicher gebildet und wird von den Fensterbögen durchbrochen. Über den als weibliche Köpfe ausgebildeten Schlusssteinen der Fensterbögen befinden sich Teile des Gesimses, die den kraftvollen Durchbruch belegen.

Obwohl zweigeschossig ausgebildet, sind die einander gegenüberliegenden Pavillons im Erdgeschoss lediglich Durchgänge auf den Wall bzw. zur Straße. Hohe Bögen überstelzen im Untergeschoss des Wallpavillons eine Treppenanlage, die noch aus den Anfängen des Zwingers als Orangerie stammt, und im Stadtpavillon einen ebenerdigen Durchgang. Im Wallpavillon nimmt die Treppe mit einem breiten einläufigen Antritt die Sockelhöhe, um

Rechte Seite:
Wallpavillon von der Galerie aus

Konkav-konvex geschwungene Zwischenwände am Wallpavillon

dann in der Raumschicht der Galerie vierläufig auf den Wall zu führen. Lässt man sich auf dem Wall von dem Treppenschwung nach rechts dirigieren, gelangt man nach wenigen Schritten über eine zweiläufige, durch dickes Mauerwerk ziehende Treppe hinab und erreicht das Nymphenbad. Wenn hier an heißen Tagen die Brunnen das Wasser zerstäuben, fühlt man sich in dem kleinen

Treppe im Wallpavillon

Nymphenbad mit Blick auf die Kaskade. Kupferstich von Matthäus Daniel Pöppelmann aus dem Zwinger-Kupferstichwerk von 1729. Kupferstich-Kabinett, Dresden

Hinterhof wie in einer Unterwasserwelt. Sechzehn hohe Wandnischen mit Muschelkalotten gliedern die seitlichen Wände. In ihnen stehen anmutige Nymphen und ringsumher prustet und schnaubt vieles Wassergetier vor Wolllust. Vom Wall her schwappt das Wasser über eine Kaskade zwischen den hochgezogenen Treppenwangen in das Bad - dahinter bleibt der Ausgang verborgen. Tritonen blasen Töne auf ihren gedrehten Muscheln und oben auf der Balustrade tanzen wie auf der Wasseroberfläche weitere Figuren.

## *Die Farbigkeit der Architektur*

Dass der Zwinger nach drei Jahrhunderten nicht mehr wie am Tage seiner Fertigstellung aussieht, lässt sich leicht denken. Welche Farbe hatte er um 1728? Pöppelmann berichtet, dass »die blaubemahlten Dächer und die oben darauff befindliche starck vergüldete Kronen und Adler sehr schön ins Gesichte fallen«[31]. Auch 60 Jahre später sind »die Dächer … alle blau, das übrige und alle

Folgende Doppelseite: Das Nymphenbad

Caroussel Comique Rennen im Zwinger. Gemälde von Johann Alexander Thiele, 1722. Gemäldegalerie Alte Meister, Dresden

Zierrathen … alle weiß«[32]. Ganz anders ist die heutige Anmutung mit dem verwitterten grauschwarzen Sandstein und der grünen Kupferpatina der Dächer. Die Wertschätzung der Materialansichtigkeit ist erst eine im 19. Jahrhundert beginnende moderne Einstellung. Sie hat sich zum einen aus konservatorischen Erwägungen, zum anderen aus einer veränderten ästhetischen Haltung gegenüber den kulturhistorischen Objekten durchgesetzt. Im 18. Jahrhundert war es dagegen üblich, die als unschön empfundenen rohen Sandsteine mit einer Leimfarbenschlämme zu übertünchen. Außerdem stellte der Anstrich damals einen annehmbaren Schutz für das Material dar, auch wenn öfters nachgestrichen werden musste. Denkt man an den Zwinger als Festplatzarchitektur, dann kann man sich vorstellen, dass das hell getünchte Ambiente viel heiterer wirkte als die heutigen grauschwarzen Fassaden. Das bezeugen auch zwei Gemälde von Johann Alexander Thiele (1685-1752), die er anlässlich der 1722 stattgefundenen Karnevalsbelustigungen im Zwinger gemalt hat (Abb. S. 34, 58). Der auf den Bildern zu sehende erhöhte und von Galerien umschlossene Hof ist ein von Pöppelmann geplantes, aber unausgeführtes Projekt. Beide Gemälde vermitteln einen anregenden Eindruck von der strahlenden Leichtigkeit der Gebäude, deren blaue Dächer dem Himmel nahe zu kommen scheinen.

## *Das vorbildliche Ideal*

Fragt man heute nach Vorbildern für Bauwerke wie den Zwinger, muss man auch nach deren Rolle in ihrer Zeit fragen. Vorbilder sind angestrebte Ideale. Wenn man für den Zwinger solche anführt, so sind dies keine Offenlegungen in Bezug auf urheberrechtliche Fragen. Das Kennen und Zitieren von Erfindungen angesehener Künstler gehörte zur künstlerischen Praxis und wies den jeweilig zitierenden Künstler als profund in seinem Fache aus. Diese Kenntnisse waren zugleich unerlässlich für die Funktion der Werke. Der Zwinger diente der Demonstration von Ansehen und Macht, insbesondere auch von Machtverbindungen. Und so verwundert es nicht, dass sich Pöppelmann neben Versailles auch am größten Hof Europas, dem Kaiserhof in Wien, orientierte, da dort anerkannte Baumeister und Künstler tätig waren. Nur so ließ sich das angestrebte Ideal erreichen und demonstrieren. Zitieren von Vorlagen hieß aber nicht gleichsam alles bedingungslos zu übernehmen. Der Künstler wurde auch an der Originalität seiner Werke gemessen. Schließlich standen die Bauherren in einer kommunizierenden Konkurrenz.

Der gesamte Demonstrationskult von Macht, Reichtum und Glück hing eng mit den Vorbildern zusammen. Welche Anregungen also erhielt August der Starke und welche Einflüsse hatten die beiden künstlerischen Virtuosen des Zwingers, Pöppelmann und Permoser, auf ihrem

Weg bis an den Dresdner Hof und dann auf späteren Studienreisen aufgenommen?

Haxthausen hatte zwar berichtet, dass das Interesse des Kurprinzen August an den besuchten Kunstwerken nicht vordergründig war, aber Julius Bernhard Rohr lehrt uns in § 10 von den »Divertissemens der grossen Herren«: »Je mehr unsere Teutschen Prinzen angefangen auf ihren Reisen Franckreich und Italien zu besuchen …, je mehr haben sie ihnen nachgeahmt, und so wohl bey den Arten sich zu divertiren, als bey den anderen Gebräuchen ihnen abgelernt.« August der Starke machte hier sicher keine Ausnahme.

Nach seiner Kavalierstour unterhielt der Kurfürst regen Kontakt nach Wien. Mehrfach war er für längere Zeit dort, verband Reisen an andere Orte mit einem Besuch der Stadt, hielt sich sogar inkognito in Wien auf. Mit Blick auf die in Dresden geplanten Turnierplätze für Ritterspiele werden Schloss Schönbrunn und das Wiener Marstallgebäude nicht ohne Wirkung gewesen sein. Rom wird August dem Starken ein Gefühl für Monumentalität der Architektur vermittelt haben. Die darauf abzielende Baugesinnung der kaiserlichen Bauten war beispielhaft. Auch Pöppelmann wusste um deren Qualität, als er sein eigenes Werk mit jenen verglich.

## *Der Baumeister: Matthäus Daniel Pöppelmann*

Im westfälischen Herford 1662 geboren, kam Pöppelmann achtzehnjährig nach Dresden und erhielt eine unentgeltliche Anstellung im Bauamt, seit 1686 eine bezahlte als »Bau-Conducteur«. Seine künstlerischen Wurzeln sind daher in der Dresdner Bautradition zu suchen. Als er 1705 nach dem Tode seines Lehrers Markus Conrad Dietze Landbaumeister wurde, hatte er schon an wichtigen Plänen wie dem Schlossneubau, mitgearbeitet. 1710 be-

Matthäus Daniel Pöppelmann. Standbild von Paul Polte am Wohnhaus Pöppelmanns von 1700 bis 1736 in der Schlossstraße 32 in Dresden. 1945 zerstört. Aufnahme von 1936

stimmte August der Starke, »… daß der Landbaumeister Pöppelmann nachher Wien und Rom gehen soll und deren Orthen sich der itzigen Arth des Bauens sowohl an Palaesten, als Gärthen zuersehen, absonderlich die ihm mitgegebenen Risse zu hiesigem Schloß Bau mit denen vornehmsten Bau Meistern und Künstlern zu überlegen …«[33]. Auch »Stararchitekten« der Zeit, wie Enrico Zuccalli, Johann Bernhard Fischer von Erlach, Johann Lucas von Hildebrandt und Andreas Schlüter, haben sich auf Studienreisen vor Ort mit der »Magnificenza« der italienischen Kunst vertraut gemacht. Pöppelmanns Reise dauerte ein halbes Jahr und führte ihn über Prag, wo er das Werk von Christoph Dientzenhofer (1655-1722) kennen lernte, zuerst nach Wien. Der kaiserliche Hofarchitekt Fischer von Erlach (1656-1723) dürfte einer der »vornehmsten Bau Meister« gewesen sein, mit denen Pöppelmann den »hiesigen Schloss Bau« überlegen sollte. Sicher wird er deswegen auch Erlachs universale Architekturgeschichte »Entwurf einer historischen Architektur« (1721) studiert und das Winterpalais des Prinzen Eugen und das Palais Trautson gesehen haben, ebenso Schloss Schönbrunn, das angestrebte deutsche Versailles. Auch die Arbeiten des jüngeren, zweiten Meisters des österreichisch-süddeutschen Barock, Lucas von Hildebrandt (1668-1745), konnte Pöppelmann im Original studieren. Fritz Löffler nennt insbesondere Schloss Schönborn bei Göllersdorf, welches so viel Verwandtschaftliches zum Zwinger zeigt, dass man eine gegenseitige Beeinflussung annehmen möchte.

Welche Originale Pöppelmann in Rom gesehen hat, die er bis dahin nur aus Stichen kannte, wissen wir nicht. Auf alle Fälle war die für den Zwinger typische Verbindung von Architektur und Plastik in der Ewigen Stadt aller Orten zu sehen. Man darf sicher ebenso vermuten, dass er das umliegende Land besuchte. Die hier errichteten Villen Mondragone, Aldobrandini, Lancelotti, Borghese und Torlonia - vor allem auf dem Hügel von Frascati - waren beispielgebend für Treppenanlagen, Terrassen und Wassertheater. In der Villa Aldobrandini befand sich ein Wassertheater, dessen Gesamtanlage deutlich an das Nymphenbad erinnert - insbesondere sein Grottenhof mit Wasserbecken, die zur Aufstellung von Figuren dienenden Nischen der Seitenwände sowie die mit offenen Vasen geschmückte Balustrade.[34] Neben dem Wassertheater der Villa Aldobrandini steht sicherlich mit ähnlicher Gewichtung für das Nymphenbad die Fontana di Trevi. Pöppelmann besuchte in Rom auch, und das ist bemerkenswert, Papst Clemens XI. und be-

Grottensaal. Kupferstich (Ausschnitt) von Matthäus Daniel Pöppelmann aus dem Zwinger-Kupferstichwerk von 1729. Kupferstich-Kabinett, Dresden

kam bei dieser Gelegenheit »die schönen Zeichnungen der Galerie des Vatikan und der Bibliothek«[35] zu sehen.

1715 wurde Pöppelmann dann nach Frankreich geschickt, wegen des Spanischen Erbfolgekrieges war es nicht eher möglich gewesen. Wenn man überhaupt seine Eindrücke dort in ihrer Gesamtheit erfassen kann – der Louvre, das Palais Luxembourg, Versailles und die anderen Schlösser um Paris werden ohne Zweifel ihren Anteil daran gehabt haben.

Pöppelmann war also ein durch praktische Aufgaben ebenso wie durch Anschauungen geschulter Baumeister, der die Stilauffassungen seiner Zeit genau kannte. Und so verwundert es nicht, wenn wir unter den Büchern in seinem Nachlass jenes finden, dass zu den einflussreichsten Kupferstichwerken dieser Zeit gehörte. 1711 und 1716 von Jeremias in Augsburg verlegt, erschien Paul Deckers »Fürstlicher Baumeister Oder: Architectura Civilis Wie Grosser Fürsten Und Herren Palläste / mit ihren Höfen / Lusthäusern / Gärten / Grotten / Orangerien und anderen dazu gehörigen Gebäuden füglich anzulegen und nach

Aufriss einer Orangerie wie solche in dem Lustgarten des Fürstl. Pallasts Koente angeleget werden. Kupferstich (Ausschnitt) von Paul Decker, 1713. Sächsische Landesbibliothek – Staats- und Universitätsbibliothek, Dresden

heutiger Art auszuzieren …«. Die markanteste und vielleicht auch berühmteste Architektur Pöppelmanns, Wall- und Stadtpavillon, findet man sowohl in ihrem Grundrissverlauf als auch in der Stellung der Baukörper in der genannten Vorbildersammlung des Paul Decker im Aufriss einer Orangerie wieder. Vergleicht man diese mit dem Pöppelmannschen Werk, fällt auf, wie sich die Kernidee der beiden Architekturen gleicht. Im Scheitel einer eingeschossigen, gebogenen Arkadengalerie befindet sich ein zweigeschossiger Bau. Dass dieser bei dem Deckerschen Blatt eine Torfassade mit drei Bögen und kein Pavillon mit fünf Toröffnungen ist, kann in Bezug auf die grundsätzliche Idee vernachlässigt werden. Ähnlich stellt sich der beispielhafte Vergleich mit dem Entwurf für die Ostfassade des Louvre von Gian Lorenzo Bernini (1598 bis 1680) von 1668 dar. Wieder ist die Kernidee die gleiche. In der letztendlichen Konzeption trennen sie sich jedoch erheblich. Sind es bei der Orangerie von Decker die Baukörperproportionen, die sich unterscheiden, so sind es beim Entwurf für den Louvre die Fassadenstruktur und die Auflösung der Baukörper bei gleichen Proportionen. Zwei weitere Beispiele, die Pöppelmann nicht nur kannte, sondern die ihm auch als innovativer Hintergrund bei sei-

Ihro König. May in Pohln, zu Ehren, vom Rath zu Dresden aufgerichtetes Vogel Schiessen. Anno 1699. den 20. September. Kupferstich (Ausschnitt) von Moritz Bodenehr (Verleger), 1699. Sächsische Landesbibliothek – Staats- und Universitätsbibliothek, Dresden

ner Gestaltungsarbeit am Zwinger gedient haben, stehen in Wien: Es handelt sich um den Mittelbau der Orangerie des Palais Trautson von Fischer von Erlach und um das Gartenbelvedere des Palais Schönborn von Hildebrandt.

Anregungen kamen auch aus den eigenen Reihen. Der Bildhauer George Heermann (nach 1640 - nach 1700) und dessen Neffe Paul Heermann (1673 - 1732) hatten bis 1705 am Schloss Troja vor den Toren Prags eine Freitreppe angelegt, die in ihrer Doppelläufigkeit um ein Oval Vorbild für die Treppen im Zwingerhof gewesen sein kann. Auch kam Pöppelmann zu einer Zeit nach Dresden, als Johann Georg Starcke gerade das Palais im Großen Garten errichtete. In diesem für die Dresdner Barockentwicklung so wichtigen Bau sind niederländische, italienische und französische Anregungen vereint. Insbesondere die Ausprägung der Schmuckelemente des Palais lässt sich leicht mit dem Zwinger in Verbindung bringen. Letztendlich war es auch Johann Friedrich Karcher (1650 - 1726), der mit einem Amphitheater für ein Vogelschießen 1699, welches auffallend ähnliche Proportions- und Baukörperlösungen wie der spätere Zwinger aufweist, Baugedanken vorformulierte.[36]

## *Die Plastik: Balthasar Permoser*

Mit der Entstehung des Zwingers ist auch der Bildhauer Permoser aufs Engste verbunden. Sein Werk hat die bewegte Sprache der Baukörper erst in »Bilder« übersetzt, hat sie in einer rauschhaften Inszenierung vollendet. Als bereits reifer Künstler und Hofbildhauer wird er dem jüngeren Pöppelmann erfahrener Berater und anregender Widerpart gewesen sein. 1651 in Kammer bei Otting im Chiemgau geboren, war Permosers Weg weit wechselhafter als der Pöppelmanns. Bevor er 1689 an den Hof von Kurfürst Johann Georg III. gerufen wurde, an dem er seit 1690 arbeitete, entstanden Steinarbeiten, Elfenbein- und Holzschnitzwerke im Auftrag verschiedener Mäzene. Sein Ruf, der ihm nach Dresden vorauseilte, war weitestgehend auf die von ihm geschaffene Kleinplastik zurückzuführen, die er in Dresden u. a. mit den Arbeiten für den Goldschmied Melchior Dinglinger (1664–1731) zu einem Höhepunkt führte. Seine Prägung hat Permoser, wie viele Künstler seiner Zeit, in Italien erhalten. Wahrscheinlich bei einem Salzburger Meister ausgebildet, ging er über Wien 1675 nach Italien, wo er in Florenz nachweislich seit 1688 am Portal von St. Gaëtano tätig war. Permosers eigenen Angaben nach währte sein Italienaufenthalt 14 Jahre. In dieser Zeit hat er Rom, Venedig und wahrscheinlich auch Genua besucht, wo er u. a. Arbeiten des Franzosen Pierre Puget gesehen haben kann. Zumindest belegt Permosers Leipziger Jupiter von 1705 eine kaum zu widerlegende Verwandtschaft zu Werken Pugets. In Rom wird er den Brunnenhof des Palazzo Borghese kennen gelernt haben. Dortige Formfindungen bei Vasen, Blumenkörben und Jünglingsfiguren weisen deutlich auf die plastischen Arbeiten am Wallpavillon.[37] Vermutlich ebenfalls in Rom traf Permoser den Bildhauer Foggini (1652–1725), in dessen Florentiner Werkstatt er später tätig war. Als Gehilfe erlebte er die Entstehung des Mittelreliefs der Corsini-

Balthasar Permoser. Gemälde von Ádám Mányoki (zugeschrieben), um 1712/15. Stadt- und Spielzeugmuseum Trauenstein

Kapelle in der Carmine-Kirche von Florenz. Was er dabei lernte, floss unmittelbar in die Giebelfiguren von St. Gaëtano ein. Beinahe selbstverständlich wird man den Einfluss der ganz großen Meister nennen dürfen. In seinen ersten Dienstjahren für Kurfürst Johann Georg III. schuf Permoser verschiedene Herkulesfiguren für den Großen Garten. Sie erinnern an die Monumentalität eines Michelangelo und die urtümliche Formensprache der Rossi-Gruppe im Palazzo Vecchio. Letztendlich muss der italienische Meister genannt werden, der so viele Künstler in verschiedener Weise mit seinem Werk beeinflusst hat, dass man dies für Permoser auch annehmen kann: Gian Lorenzo Bernini. Wie bei den Architekten waren auch bei den Bildhauern

Appolon. Marmorplastik von Balthasar Permoser, 1716. Skulpturensammlung, Dresden

Zitate ein Zeichen für Bildung und nicht für mangelnde Kreativität.

Die umfangreiche skulpturale Ausstattung des Zwingers ist nicht von einer Person allein zu bewältigen gewesen. Permoser musste mit einer großen Werkstatt arbeiten, in der Meister von eigenständigem Rang tätig waren. Zwei der wichtigsten Mitarbeiter waren Benjamin Thomae (1682–1751) und Johann Christian Kirchner (1691–1732). Quellen zu Folge muss der Anteil dieser beiden Künstler allein im Jahre 1719 beträchtlich gewesen sein; die Höhe ausgezahlter Summen lassen darauf schließen. Weitere, doch bei weitem nicht alle Meister, sind Paul Egell (1691 bis 1752), der schon erwähnte Paul Heermann und Johann Joachim Kretzschmar (1677–1740). Ihre Mitarbeit ist zwar quellenmäßig nicht nachzuweisen, auf Grund ihrer sonstigen Leistungen und ihrer Anwesenheit in Dresden zur Bauzeit des Zwingers aber sehr wahrscheinlich.

Wie gut Permoser als Werkstattleiter mit den verschiedenen Charakteren und Ausprägungen der anderen Künstler zurechtgekommen ist, kann man an Hand der Ausführungen Johann Christian Hasches nur indirekt nachvollziehen. Dieser schrieb 1784 in seiner Dresdner Kunstgeschichte: »Der Herzog von Florenz rufte ihn (Permoser) mit einem Gehalt von 1000 Thl. an seinen Hof, aber Augusts Gnade war ihm lieber.«[38] Aus dieser Mitteilung können wir entnehmen, dass Permoser etwas am Hofe von August dem Starken gehalten haben muss, was mit Geld allein nicht aufgewogen werden konnte.

Permosers erste Werke am Zwinger befanden sich im Grottensaal unter dem Pavillon des heutigen Mathematisch-Physikalischen Salons. Wie im Nymphenbad, nur »grottenhaft« gesteigert, sah sich der Besucher hier in eine einzigartige Wasserwelt versetzt, wie sie auf dem Stich in Pöppelmanns Zwingerwerk zu sehen ist (Abb. S. 63). Die plätschernden Stabfontänen, die in Doppelreihe ein Geviert absteckten, ermöglichten das Spazieren hinter einem

Wasservorhang. Das Deckengemälde zeigte Neptun und Amphitrite. Die in fünf Nischen gegliederte Hauptwand nahm in ihrer Mitte eine Kaskade, links davon Apollon, rechts Minerva und von beiden flankiert zwei kleinere Brunnen auf. In das bildnerische Programm einer Grotte passen die beiden Skulpturen Permosers nicht sonderlich gut. Für sein späteres Werk ungewöhnlich sind sie ausführlich signiert und lenken so unsere Aufmerksamkeit in eine andere Richtung. Auf dem Apollo ist ausgeführt: »FRI: AUG: König in Poh: und Churf / in Sachs: hat aus den hiesigen Landt Marmor / diese erste figur verfertigen laßen durch / BALTHASAR. PERMOSER. VON / SALZPURG. HATS GEMACHT OHNE / MVSTER. IN SEINEN / 64.IGSTEN / JAHR. 1715.« Mit »diese erste figur« kann die erste Skulptur für den Zwinger überhaupt gemeint sein. Aus Stolz auf den Merkantilismus in Sachsen wurde sie in »hiesigem Marmor« gefertigt. Bemerkenswert sind auch die Angaben »ohne Muster« und »in seinem 64igsten Jahr«. Sie erinnern an das hohe Alter, in dem Permoser für den Zwinger Werke zu schaffen begann, und daran, dass er ein Meister war, der ohne Vorlagen oder Modelle hat arbeiten, d. h. die Form der Figur im Stein hat sehen können.

Minerva. Marmorplastik von Balthasar Permoser, 1716. Skulpturensammlung, Dresden

Die Skulptur des Apollon ist sehr dynamisch aufgefasst; im Laufschritt scheint der Gott sein Wolkenpostament verlassen zu wollen, um im Grottensaal an den Wasserspielen teilzunehmen. Die Gesichtszüge des Apollon gleichen bildnishaft denen Augusts des Starken. In ein antikes Ideal überführt, hat ihn Permoser als Schutzgott der Künste und Führer der Musen, aber auch als Bewahrer von Recht und Frieden dargestellt. Bei der Figur der Minerva begnügte sich Permoser mit: »B. P. HATS GEMACHT IN SEINEM 65.IGSTEN JAHR 1716«. Die herrschaftliche, statuarisch feste Pose der Minerva als Kriegsgöttin und Beschützerin des Staatswesens mutet im verspielten Wasserreich befremdlich an. Sie stellt einen

Gegenpol zur bewegten Körpersprache des Apollon dar. An ihrer Seite genießt ein Putto keck das schaurige Gefühl der Berührung des Schlangenhauptes der Medusa, weiß er sich doch unter dem göttlichen Gewand in Sicherheit. Zum Zeichen der eigenen Stärke trägt die Gottheit die Trophäe. Zusammen vereinen Apollon und Minerva die inhaltlichen Gegensätze Frieden und Krieg zu einer allegorischen Herrscherpersönlichkeit. Lange nach der Zerstörung des Grottensaals während des Krieges 1813 gelangten die Skulpturen auf Antrag Georg Treus (1843 bis 1921) 1890 in die Dresdner Skulpturensammlung der Staatlichen Kunstsammlungen.

Die wichtigste Skulptur des Zwingers ist der von Permoser nur noch mit seinen Initialen »B. P.« signierte Herkules, der um 1716–1718 entstand (Abb. S. 76). Ursprünglich für das Herkulestor, das spätere Kronentor, vorgesehen, wurde er nach der Planänderung auf dem Wallpavillon aufgestellt. Permoser schuf mit dieser Figur eine Kraftdemonstration. Natürlich ist die von Herkules getragene Weltkugel symbolisch zu verstehen; ihre Größe suggeriert aber trotzdem physische Schwere, die zu tragen nicht jedem gegeben ist. Dabei ruht ihr Gewicht auf einem aus rechter Schulter, rechter Hand und Keule gebildeten Dreieck. Die optisch stützende linke Hand des Herkules drängt aber die Last bereits mehr nach hinten, gerade so, als wollte Herkules die Kugel jeden Moment absetzen. Das vermittelt auch sein Körper, der sich steigend unter der Kugel hindurch zu drücken scheint und dessen Modellierung eine vorzüglich Elastizität und Geschmeidigkeit ausdrückt. In diesem Körper sind Reserven verborgen, die die Figur trotz Anstrengung nicht statisch verharren lassen und ihr Überlegenheit im Tun verleihen.

In gleicher Weise versinnbildlichen auch die Hermen Permosers die aufstrebende, die Baumassen bewegende Kraft. »Der Wallpavillon … ist einer Metamorphose Ovids vergleichbar. Wie Daphne zum Ölbaum wurde, so geschah es im Zwinger, daß umgekehrt beim Wegschlagen des kristallenen Sandsteins sich Bauglieder in Menschenleiber verwandelten. Auch Blütengirlanden und Tücher, Zweige und Gerät waren im Stein eingeborgen gewesen und entwuchsen ihm in üppiger, alles umspinnender Fülle. Die Körper selber aber begannen, sich beim Meißeln zu wölben und atmeten sich frei.«[39] Die so herausgelöste, springende Lebendigkeit der Hermen führt ihre Körper zu einem übermütigen Tanz, der Scharnier für die konkav-konvex-gewölbten Wände ist. »Gleich tumben Tölpeln und gerissenen Narren, die trunken sind von Lebenslust, so heben die Satyrn hier am Wall im kreischenden Übermut als des Schalkes Permosers, des bärtigen Sonderlings Geschöpfe, die Last der Gebälke und Gesimse. Schwere wandelt sich den Trunkenen zur Leichtigkeit. Sie grollen und sind voller Trotz. Als Ausbund der Häßlichkeit schmücken sie sich gleich eitlen Mädchen mit seidenen Bändern und Schleifchen vor der Brust, auch mit Weinlaub, Efeu und Bocksfell, wie es die Antike gebot.«[40] Ja, sie sind dem Bauwerk innewohnende wilde, überschäumende Gesellen, die dem Charakter der Architektur gleichen. Dass nicht alle Hermen das alleinige Werk Permosers sein können, ist schon gesagt; nach Asche gilt dies aber für die beiden Dreiergruppen und die westliche Zweier- und Einergruppe.

Kehren wir noch einmal zu den beiderseits des Torbogens befindlichen Nischen am Kronentor zurück. In diese sind vier Figuren altitalischer bzw. griechischer Gottheiten eingestellt, von denen jedoch nur Ceres und Vulkan eindeutig Permoser zugeschrieben werden.[41] Beide sind von solch beredter Erzählfreude, dass sie mit zum Schönsten gehören, was man im Zwinger sehen kann.

Ceres, die Göttin der Fruchtbarkeit und des Wachstums, steht in jugendlicher Grazie vor dem Betrachter – zur Kennzeichnung ihrer Tugenden hält sie Ährenbündel

Ceres am Kronentor (Kopie)

Vulkan am Kronentor (Kopie)

und -kranz. Um ihren Körper ist ein Umhang geworfen, dessen Saumfalten sich beinahe zu einer Blüte formen. Mit ihrem weit in die Ferne gerichteten Blick könnte die Göttin das Einbringen der Ernte beobachten, jedenfalls stolpert im eilfertigen Marschschritt ein Putto herbei und zeigt ihr seine Sichel, deren Schärfe sie geistesabwesend mit dem Finger prüft. Das strahlende Antlitz von Ceres lässt eine gute Ernte vermuten, die unter ihrem göttlichen Schutz gereift ist.

Der Gott des Feuers wird von Permoser als ein zwar muskulöser, aber alter frierender Mann dargestellt, der die wohlige Wärme der züngelnden Flammen für seine knochigen Gelenke braucht. In festem Stand spannt sich sein Leib ganz in Richtung Feuer; nur sein Kopf wendet sich dem Putto neben ihm zu. Die hereinziehende Kälte mit rührseligem Blick duldend, rafft Vulkan seinen Umhang zur Brust, damit sich der Knabe aus der wärmenden Hülle hervorwagen und in ungelenker Bewegung ein Stück Wurzel spalten kann, die ihm der Gott mit dem linken Fuß zu halten scheint.

Stille Anmut beherrscht die Atmosphäre im Nymphenbad. Auch hier stammen nicht alle Figuren von der Hand Permosers. Insbesondere aber die Nymphe mit der Muschel, zwischen 1715 und 1718 entstanden, hat man Permoser zuschreiben können. In sich gekehrt und halb nackt, von einem Gewand in welligen Falten umspült, hält sie in der rechten ausgestreckten Hand eine Muschel. Im Wasserspiegel der Perlmutschale sieht sie ihr Bild. In dem gleichzeitig besinnlichen Schauen auf das Naturschöne, liegt ein Gleichnis. Wie die weich fließende Form der Muschel, besitzt auch der Nymphenkörper kein starres Gerüst, sondern ist von sanft pulsierendem Leben erfüllt. »Wie das Perlmut aus dem Grunde der Schale durch das klare Wasser noch leuchtender schimmert, so wirkt die samtene Haut der Gestalt durchscheinend in mattem Glanze.«[42]

Linke Seite:
Südliche Hermen am Wallpavillon

# Das Bildprogramm des Zwingers

## *Herrschaftliche Inszenierung*

Stellen wir uns unter dem Himmel einen außerweltlichen Bereich mit dem Olymp der Götter vor. Waren dann die blauen Dächer des Zwingers, wie sie auf dem Gemälde von Thiele wiedergegeben sind, eine Brücke zum Himmel derart, dass die Götter auf diesem Dächerhimmel Platz nehmen konnten? Wenn dem so war, dann war der Zwinger ein Götterthron. Auf einen solchen sich zu setzen, musste ganz die Sache Augusts des Starken gewesen sein.

Aus dem Kupferstichwerk des Baumeisters Pöppelmann war über den Anlass des Zwingerbaus zu erfahren, dass er gerade zu der Zeit errichtet werden sollte, als August der Starke drei Ämter in seiner Person vereinigte. Und Pöppelmann hatte mit Blick auf die Ämter hinzugefügt, »Alß hat man, beydes in den Auszierungen des Gebäudes selbst, und auch in gegenwärtigem Kupffer-Titel auf diesen merkwürdigen und Sr. Königl. Mayestät zu höchstem Ruhme gereichenden Umstand überall sein besonderes Augenmerk gerichtet«.[43] Lang ist auch die Liste der »Auszierungen«, die uns Pöppelmann gibt; sie reicht vom doppelten Reichsadler über mancherlei Kronen, Zepter, Friedensmahle bis zu Liebesgöttern, Faunen und Satyrn.

Pöppelmanns Ausführungen muss Beachtung beigemessen werden, geben sie doch die inhaltliche Lesart des Bildprogramms – oder modern gesprochen – die corporate identity des Zwingers vor. So, wie mit den Festen und der dafür notwendigen Architektur Macht demonstriert wurde, so wusste man auch die Inhalte der bildlichen Ausgestaltung von Bauwerken für die symbolische oder allegorische Verherrlichung des Landesherrn zu nutzen. Mehr noch als die Sprache der Architektur selbst konnten

Linke Seite: Nymphe mit Muschel. Marmorplastik von Balthasar Permoser, um 1715. Nymphenbad im Zwinger

»Hercules Saxonicus« auf dem Wallpavillon

die Zeitgenossen deren figurative Ausstattung in Malerei und Plastik lesen. Was wir heute als eine mythologisch versteckte Anspielung auf August den Starken erkennen mögen, war im frühen 18. Jahrhundert eine weithin sichtbare und verständliche Aussage.

Beginnen wir diesmal nicht im Sockelgeschoss, sondern auf den Dächern von Wall- und Stadtpavillon. Weit oben über dem Mittelgiebel trägt hier Herkules die Weltenkugel. Der Mythologie nach geschieht dies während der elften Tat, die er für den König Eurystheus vollbringen muss. Als Herkules die goldenen Äpfel aus dem Garten der Götter bringen soll, die von den Hesperiden, den Töchtern des Atlas, bewacht werden, nimmt er Atlas die schwere Last der Weltenkugel ab, damit dieser die Äpfel für ihn holen kann. Wie nun Atlas mit den Äpfeln zurückkehrt, will er selbst den Dank Eurystheus erlangen und Herkules mit der Weltenlast zurücklassen. Zum Schein erklärt sich dieser dazu bereit. Unter dem Vorwand, ein Polster auf die Schultern legen zu wollen, gibt er die Weltkugel noch einmal an Atlas zurück. Natürlich nimmt er sie im Anschluss nicht wieder auf, sondern bringt die Äpfel wie befohlen Eurystheus.

Mit dieser Geschichte schenken Pöppelmann und Permoser in feinsinniger Weise der Personalunion Augusts des Starken das ihr gebührende Augenmerk, denn er hatte das Reichsvikariat nur vorübergehend bis zu den Neuwahlen inne. Es bedurfte also einer Geschichte, die das Reichsvikariat zeigte, ohne die Kurfürsten- und Königswürde zu schmälern. Herkules war auch ohne das Tragen der Weltenkugel ein Held. Er hatte durchaus wichtige Aufgaben zu lösen. Pöppelmann kommt in seinem Titelblatt zum Zwingerwerk noch einmal auf diese Tatsache zurück, indem er dort »den siegenden Herkules, … die eroberten güldenen Aepfel, und die mit einer so herrlichen Frucht prangende[n] Bäume, aus den hesperidischen Gärten, durch die Luft herbey bringe[n]«[44] lässt

Rechte Seite: Wallpavillon

(Abb. S. 80). Bezeichnenderweise gelangten die Orangenbäume – die goldenen Äpfel – auf diesem Wege symbolisch in den Zwinger. Aus Herkules wurde auf dem Wall- und auf dem Stadtpavillon ein »Hercules Saxonicus«, aus August dem Starken ein heldenhafter Herrscher, der sein Land, in dem die goldenen Äpfel verwahrt werden, beschützt und stützt.

Es ist keine Erfindung Augusts des Starken, sich als Herkules darstellen zu lassen. Viele der europäischen Herrscher, angefangen von den Habsburgern, haben sich auf diese Art glorifizieren lassen. »Ursprünglich Grieche, wurde also aus Herakles zuerst der römische Herkules und dann ein Hercules germanicus, florentinus, gallicus und auch ein Hercules saxonicus, wittembergicus und bavaricus, weil … auch andere deutsche Landesherren die herkulische Fortitudo, Constantia und Ratio mit sich verbanden.«[45] Bei August dem Starken hatte dies jedoch, wie schon sein Beiname verrät, einen besonderen Reiz. Während man beispielsweise bei den Habsburgern die Phantasie bemühen musste, um sich einen Herkules vorzustellen, war die Allegorie bei August dem Starken offensichtlich. »Man kann sagen, daß die Natur diesen Fürsten zu einem König gemacht [hat] … Der Bau seines Leibes ist starck, untersetzt und wohl gewachsen. Alle Gliedmassen an demselben haben eine abgemessene Verhältnis. Die Züge seines Gesichts formiren eine solche Bildung, die mit einmal etwas grosses und erhabenes ausdrückt. Man findet darinnen nichts als männliche Zeichen: einen grossen Mund, starcke Leffzen und Augenbrauen, eine hohe Stirne und breite Kienbacken. Nur die Augen mischen in ihr lebhafftes Feuer einen Blick, der huldreich und freundlich ist.«[46] Solcherart gestaltet, wie von Freiherr von Loen zu erfahren ist, war es für die Künstler nicht schwierig gewesen, August dem Starken an anderer Stelle auch die Gestalt des Paris zu geben, der in der Mythologie Macht, militärischen Erfolg und Liebe versprochen bekommt. Als Paris trägt August auf dem Wallpavillon eine polnische Krone. Vielleicht verstanden es die Zeitgenossen als eine Folge von Macht, militärischem Erfolg und Liebe, dass August der Starke die Krone von Polen erhalten hatte. Jedenfalls tragen noch heute die Figuren der allegorischen Winde seinen Ruhm ins Land hinein.

## *Die heilige Union*

Betrachten wir das Titelblatt von Pöppelmanns Kupferstichwerk zum Zwinger (Abb. S. 80). An diesem wird nachhaltig klar, unter welchem Stern die Idee geboren wurde. Über der Ansicht der wallseitigen Baugruppe sitzt auf einem Wolkenthron die königlich-polnische und kurfürstlich-sächsische Helden-Ehre »mit allen Anzeigungen eines Kayserlichen Ansehens umgeben«. Ihre rechte Hand - auf einer Erdkugel mit der Aufschrift »Saxonia Superior« ruhend - hält das Staatsruder und eines der beiden Kurschwerter; auf dem Kopf trägt sie die königlich-polnische Krone. Mit ihrer Linken weist die Helden-Ehre auf den von zwei Baugenien herbeigebrachten Plan des zu erbauenden Lustortes; es ist bemerkenswert, wie Pöppelmann die weisende Hand direkt auf den Teil des Zwingers zeigen lässt, der nicht ausgeführt werden konnte, um so der Nachwelt unmissverständlich seinen Gesamtentwurf zu überliefern. Über der Helden-Ehre trägt ein schwebender Schutzengel das »mit einem heitern Glantze umstrahlte Pannier des Heil. Röm. Reiches«[47]. Auf der Brust des darauf dargestellten kaiserlichen doppelten Reichsadlers sind das königlich-polnische und das kurfürstlich-sächsische Wappen zu sehen. Was Pöppelmann beinahe beiläufig einen »heitern Glantze« nennt, ist eine Gloriole. Eine ganzfigurige, göttliche Aura um die drei in einer Person zusammengekommenen Ämter, um

L'ORANGERIE
ROYALE
de
DRESDEN
avec ses Pavillons et
embellissements Batie
en 1711
Par Ordre de S. M. le Roy
de Pol. Elect. de Saxe Vicaire
du S. Empire
Sur les desseins et Sous la conduite
du S. N. Poppelmann premier Architecte
de S. Maj.
ALBIS

die heilige Union. Die Gloriole, ein Symbol der Allgegenwart Gottes im alles erhellenden Licht, wird hier für eine weltlich-politische Machtkonstellation apotheotisch verwendet. Das ist ebenso kühn wie geschickt. Wird doch so die Union unter göttlichen Schutz gestellt, August der Starke selbst aber gleichsam göttlich.

## *Urnatur und Sinnenkraft*

Für die bildnerische Ausstattung des Zwingers wurden drei Bereiche erkannt – das ungebändigte Naturleben, die politische Macht und die olympischen Götter. Die beiden letzteren sind mit August dem Starken leicht in Verbindung zu bringen. Krone und Adler gemahnen vor allem am Kronentor an die polnisch-sächsische Union und sind damit gleichsam Standbeine der zu transportierenden »corporate identity«. Wie aber ist eine Verbindung zu den Wesen des ungebändigten Naturlebens, zu den Satyrn und Nymphen, zu Rausch und Sinnlichkeit herzustellen? Die Nutzung des Zwingers als Kulisse für Festivitäten und das triebhafte, ungebändigte Naturell des Königs liefern eine Erklärung.

Wesen aus dem Gefolge von Dionysos tragen im Sockelgeschoss den ganzen Zwinger, heben ihn aus dem Reich des Wassers heraus. Immerhin reichen die Kaskadenbrunnen an der Langgalerie noch bis in die Arkadenbögen hinein. Wie die Kraft des Wassers symbolisch hereinfluten sollte, zeigt auch der Kaskadenturmentwurf Pöppelmanns für den elbseitigen Abschluss des Zwingers (Abb. S. 83). Am Nymphenbad scheint das Wasser sogar über die Balustrade zu schäumen und mit der Gischt den Paaren Triton und Nereide, Neptun und Amphitrite Lebensraum zu geben. Das Reich des Wassers ergießt sich sozusagen in den Zwingerhof und verwandelt ihn in ein Wasserreich, in dem all die Wassergetiere und -wesen sich

Satyr im Sockelgeschoss der westlichen Bogengalerie

Linke Seite: Titelblatt des Zwinger-Kupferstichwerkes. Kupferstich von Matthäus Daniel Pöppelmann, 1729. Kupferstich-Kabinett, Dresden

Geplanter elbseitiger Abschluss des Zwingers mit Kaskade. Kupferstich von Matthäus Daniel Pöppelmann aus dem Zwinger-Kupferstichwerk, 1729. Kupferstich-Kabinett, Dresden

tummeln und auf dem die reich geschmückten Boote (auf Rädern) während der Feste fahren konnten, für die Alessandro Mauro die schönsten Entwürfe geliefert hatte. Erscheint es da abwegig, wenn der Grundriss des Wallpavillons auch als Boot gedeutet wurde?

Die dionysische Welt der ungehemmten Sinnenentfaltung bildet mit kreativ-künstlerischer Kraft aus orgiastischen, Rauschzustände erzeugenden Festen die Basis, auf der sich politische Macht und olympische Götterwelt kaprizieren konnten. Am Kronentor wird die Verbindung noch augenfälliger. Hier schiebt das Wachstum der Natur die Krone weit in den Himmel empor. Nach den Planungsänderungen ist das Kronentor durch das (nicht mehr erhaltenen) Gemälde des Frühlingsopfers auf dem Plafond im Obergeschoss der Flora geweiht worden. Damit sollte die vielgestaltende Kraft des Pflanzenreiches erbeten werden, die gleichsam in den Nischen unter dem

Linke Seite: Wandbrunnen an der Innenseite der Langgalerie

Innenaufnahme des Französischen Pavillons oder Marmorsaals, 1932

Schutz der Götter des Weines und der Vegetation, der Fruchtbarkeit und des Wachstums sowie des Obstsegens und des reinigenden Feuers stand.

## *Illusion und Wirklichkeit*

In den Deckengemälden der vier Pavillons fand das Bildprogramm des Zwingers im Sinne eines barocken Gesamtkunstwerkes seine malerische Vollendung. Sie erfüllte auch aus der Innensicht die Vorstellung, dass die Dächer bereits zum Himmel gehören. Heinrich Christian Fehling (1683–1753), der schon unter der Leitung von Samuel Bottschildt (1641–1706) an der Ausmalung der Festsaaldecke des Palais im Großen Garten beteiligt war, führte das Deckengemälde im Marmorsaal des Französischen Pavillons aus. Ganz im Sinne barocker Deckenmalerei lenkte über dem reich verzierten Gebälk eine gemalte Architektur das Auge in die Illusion des Bildraumes und verknüpfte so die gemalten Darstellungen scheinbar mit der Wirklichkeit. An den Schmalseiten waren August der Starke und seine Gemahlin Eberhardine in Porträtmedaillons gezeigt. Unter seinem Medaillon, wohl an seine Kraft gemahnend, befand sich ein gemaltes Relief, das den mit dem nemäischen Löwen ringenden Herkules zeigte.

Die Hauptsaaldecke vom Pavillon des Mathematisch-Physikalischen Salons wurde durch den 1715 aus Paris berufenen Louis de Silvestre (1675-1760) al fresco ausgemalt. Wie die Arbeit von Fehling wurde auch das Werk von Silvestre 1945 zerstört. Das Gemälde zeigte in seiner zentralen Szene den Göttervater Zeus. Von oben herab schaute er auf Psyche, wie sie von Eros weisend gelenkt und einem Eroten getragen dem Olymp zugeführt wird. Es versteht sich, dass in diesem Bild nur August der Starke mit Zeus in Verbindung zu bringen war. Die Neigung Zeus' zum schönen Geschlecht konnte im wahrsten Sinne mythologisch genannt werden. Im Leben eines Herrschers war sie hingegen ein Teil seiner Persönlichkeitsdarstellung, denn die »Pflege« einer Mätresse war nicht nur erlaubt, sondern sogar erwünscht. Und so kann das gedeutete Wohlwollen seitens der versammelten Götter nur als eine sich erfüllende Erwartung unterstrichen werden, zumal, wie es überliefert ist, hier Psyche die Züge der Gräfin Dönhoff trug, der Mätresse Augusts des Starken.

Entwurf zur Wand- und Deckenmalerei des Deutschen Pavillon. Lavierte Sepiazeichnung von Giovanni Antonio Pellegrini, 1724. Landesamt für Denkmalpflege, Dresden

Der Mythologie folgen würde diese Lesart indes nicht. In unserem Fall belohnte Zeus die Liebe der Psyche zu Eros, in dem er beide für immer miteinander verband. War nun August der Starke als Zeus auf dem Gemälde von Silvestre dargestellt, so wurde er darin als der auch in Liebesdingen versierte und die Schönheit anziehende Gott ausgewiesen, dessen politische Macht auch menschliche Tugenden mit einschloss. »Besehenswürdige Meisterstücke«[48] stammten für die beiden stadtseitigen Pavillons von dem Venezianer Giovanni Antonio Pellegrini (1675-1741). Auch dessen Arbeiten gingen verloren - im Zwingerbrand 1849 und der Bombennacht 1945. Es haben sich aber Entwürfe erhalten. Nach diesen waren die Ausschmückungen im Deutschen Pavillon Apollon gewidmet, d. h. August dem Starken als Schutzgott der Künste und Führer der Musen. An den Rändern des Plafonds waren Allegorien der Erdteile angebracht, deren Kunstschätze August der Starke sammelte. Im heutigen Porzellanpavillon soll ein Götterbankett dargestellt gewesen sein, das durch August den Starken in der Rolle des Jupiter dirigiert wurde. Der Wirklichkeitsgehalt spielte dabei keine Rolle, wie von Rohr betont hatte. Denn letztendlich diente alles immer einem einzigen Ziel: der umfassenden allegorischen Darstellung Augusts des Starken in allen Facetten seines Gottesgnadentums durch eine gleichsam aus intelligenter und ungebändigter Künstlernatur geborenen, zur überschwänglich verzierten Mitwirkung an dionysischen Festen geschaffenen, ihrer Zeit kongenial entsprechenden Architektur.

# Anmerkungen

1 Loen, Johann Michael Freiherr von: Des Herrn von Loen Kleine gesammelte Schrifften: Besorgt und heraus gegeben von J. C. Schneidern. Erster Theil. Frankfurt und Leipzig, 1750, S. 45
2 ICCander (ICANDERN/Crell, Johann Christian): Das fast auf dem höchsten Gipffel der Vollkommenheit prangende Dresden oder kurze doch deutliche Beschreibung derer in dieser Stadt berühmte Gebäude und Merckwürdigkeiten, wie solche anno 1719 nach Vermögen observiret worden von ICANDERN. Leipzig 1719, S. 14
3 Loen, a.a.O., S. 48
4 ebenda, S. 31
5 Weck, Anton: Der Chur-Fürstlichen Sächsischen Residenz- und Haupt-Vestung Dresden Beschreib- und Vorstellung. Nürnberg 1680, S. 15
6 Loen, a.a.O., S. 187
7 vgl. Ermisch, Hubertus Georg: Der Dresdner Zwinger. Mit einer Einleitung von Hubert Mohr, Dresden 1954, S. 16
8 SächHSA Loc. 774, den Zwingergarten betr., 1709ff., Bl. 157/158, zit. nach Ermisch, a.a.O., S. 17
9 Pöppelmann, Matthäus Daniel: Vorstellung und Beschreibung des von Sr. Königl. Majestät in Pohlen, und Churft. Durchl. zu Sachsen, erbauten so genannten Zwinger-Gartens Gebäuden, oder Der Königl. Orangerie zu Dreßden, in Vier- und Zwanzig Kupfer-Stichen. Kunst- und Grund- richtig abgezeichnet und herausgegeben von Matthäus Daniel Pöppelmann, Königl. Pohln. Und Churft. Sächß. Ober-Land-Baumeister, ANNO 1729, Vorwort
10 Weck, a.a.O., S. 15
11 Rohr, Julius Bernhard von: Einleitung zur Ceremoniel-Wissenschaft Der großen Herren. Neudruck der

Ausgabe v. 1733. Hrsg. Monika Schlechte. Leipzig 1989, S. 2, § 2

12 Rohr, a.a.O., S. 732, § 1

13 ebenda

14 Pöppelmann, a.a.O., o. S.

15 zit. nach Kirsten, Michael: Der Dresdner Zwinger. In: Matthäus Daniel Pöppelmann 1662-1736 (Ausst.Kat.). Staatliche Kunstsammlungen Dresden, 1987, S. 60 bis 69, hier S. 63

16 ebenda

17 ebenda

18 ebenda

19 zit. nach Löffler, Fritz: Der Zwinger in Dresden. 4. Aufl. Hrsg. von Michael Kirsten mit einem Nachtrag zur Bau- und Restaurierungsgeschichte. Leipzig 1992, S. 45

20 Pöppelmann, a.a.O., o. S.

21 ebenda

22 vgl. Heckmann, Hermann: Matthäus Daniel Pöppelmann und die Barockbaukunst in Dresden. Berlin 1986, S. 105

23 zit. nach Sponsel, Jean Louis: Der Zwinger die Hoffeste und die Schlossbaupläne zu Dresden. Dresden 1924, S. 229

24 vgl. Ermisch, a.a.O., S. 29

25 ICCander, a.a.O., S. 62

26 vgl. Ermisch, a.a.O., S. 51

27 Fassmann, David: Das glorwürdigste Leben und Thaten Friedrich Augusti, des Großen, Königs von Pohlen und Chur-Fürsten zu Sachsen [...]. Hamburg und Frankfurt 1733, S. 799f.; zit. nach Marx, Harald: Matthäus Daniel Pöppelmann der Dresdner Zwinger. Vom Festbau zum Museum. Frankfurt a.M. 2000, S. 46f.

28 ebenda, S. 807f., zit. nach Marx, a.a.O., S. 50

29 Pöppelmann, a.a.O., o. S.

30 Löffler, a.a.O., S. 71

31 vgl. Pöppelmann, a.a.O., o. S.

32 Chodowiecki, Daniel: Journal gehalten auf einer Lustreyse von Berlin nach Dresden Anno 1789, mit einer Einleitung von Adam Wiecek. Berlin 1961, S. 5
33 zit. nach Löffler, a.a.O., S. 31
34 vgl. ebenda, S. 33
35 zit. nach Heckmann, a.a.O., S. 46
36 vgl. ebenda, S. 22
37 vgl. Asche, Sigfried: Balthasar Permoser und die Barockskulptur des Dresdner Zwinger. Frankfurt a.M. 1966, S. 44
38 Hasche, Johann Christian: Magazin der sächsischen Geschichte, I.-VIII. Dresden und Berlin 1986; zit. nach Löffler, a. a.O., S. 50
39 Asche, a.a.O., S. 79
40 ebenda, S. 80
41 Vorzügliche Kopien ersetzen am alten Standort die Originale.
42 Asche, a.a.O., S. 84
43 Pöppelmann, a.a.O., o. S.
44 ebenda
45 Irle, Klaus: Herkules im Spiegel der Herrscher. In: Herkules. Tugendheld und Herrscherideal. Das Herkules-Monument in Kassel-Wilhelmshöhe. Hrsg. von den Staatlichen Museen Kassel, Christiane Lukalis und Hans Ottomeyer. Kassel und Eurasburg 1997, S. 61
46 Loen, a.a.O., zweiter Abschnitt, S. 187
47 Pöppelmann, a.a.O., o. S.
48 ebenda

# Zeittafel

1709 Beginn des Zwingergartenbaus mit einer Orangerie
1709 - 1712 Bau der Bogengalerien am Wall
1712 Abbruch des Reithauses vor der Orangerie
1712 - 1716 Bau des Mathematisch-Physikalischen Salons und des Französischen Pavillons
1714 - 1718 Bau der Langgalerie und des Kronentors
1716 Fertigstellung des Grottensaals
1716 - 1719 Rohbau des Wallpavillons
1717 - 1723 Ausführung der Deckenmalereien im Mathematisch-Physikalischen Salon und im Französischen Pavillon
1718 - 1719 Abschluss der Elbfront mit einer hölzernen Galerie sowie Planungen zur Wiederholung der wallseitigen Pavillongruppe anlässlich der Hochzeit des Kurprinzen mit der Erzherzogin; Bau des Deutschen und heutigen Porzellanpavillons sowie des rückwärtig angelehnten Redouten- und Opernhauses; Stadtpavillon und die Bogengalerien vorerst in Holz ausgeführt
1722 Abschluss der Elbfront mit einer Holzwand
1725 Ausführung der Deckenmalerein im Deutschen und heutigen Porzellanpavillon
1723 - 1728 Fertigstellung des Stadtpavillons mit äußerer Treppe und der Bogengalerien
1728 Beginn der Verwendung des Zwingers als Sammlungs- und Bibliotheksgebäude
1732 Ausbau des Wallpavillons
1755 Abbruch des Redoutenhauses
1759/1760 Beschädigung des Zwingers während des Siebenjährigen Krieges
1783 - 1795 Erste Zwingerrestaurierung unter Johann Daniel Schade
1806 - 1813 Beschädigungen während der napoleonischen Kriege

1812 Verfüllung des Wallgrabens
1815 Auflösung des Grottensaales im Mathematisch-Physikalischen Salon
1819 Beginn der Anpflanzungen von Gartenanlagen im Zwingerhof sowie auf Graben und Wall
1820 Beginn der Anlegung des Zwingerteiches
1826 Entfernung der äußeren Treppe am Stadtpavillon
1843 Aufstellung des Denkmals für König Friedrich August I. von Ernst Rietschel im Zwinger
1847-1855 Neuer Abschluss der Elbfront mit dem Bau der Semper-Galerie
1849 Zerstörung des Opernhauses, des heutigen Porzellanpavillons und des Stadtpavillons durch Brand sowie Beschädigung des Deutschen Pavillons und der Bogengalerie
1852-1857 Restaurierung der Zwingerplastik unter Julius Hähnel
1857-18563 Zweite Zwingerrestaurierung unter Moritz Haenel
1880-1898 Dritte Zwingerrestaurierung
1924-1936 Vierte Zwingerrestaurierung unter Hubert Ermisch; Entfernung des Denkmals für König Friedrich August I. aus dem Zwinger
1929 Wiederherstellung des Stadtgrabens mit hölzerner Brücke
1936 Auflösung der Zwingerbauhütte
1945 Zerstörung während der Bombenangriffe am 13. Februar
1945-1963 Fünfte Zwingerrestaurierung unter Hubert Ermisch (bis 1951), Max Zimmermann (bis 1962) und Arthur Frenzel
1983 Beginn der sechsten Zwingerrestaurierung unter Ulrich Aust
1991 Weiterführung der sechsten Zwingerrestaurierung bis heute unter Karl Schöppner

# Weiterführende Literatur


Dohme, Robert: Geschichte der Deutschen Baukunst. Berlin 1885

Hager, Werner: Barock Architektur. Baden-Baden 1968

Hempel, Eberhard: Der Zwinger zu Dresden. Berlin 1961

Lübke, Wilhelm: Geschichte der Deutschen Kunst. Stuttgart 1890

Schnitzer, Claudia: Augustus invenit - August der Starke als Festregisseur. In: Eine gute Figur machen. Kostüm und Feste am Dresdner Hof (Ausst.Kat.). Kupferstich-Kabinett, Staatliche Kunstsammlungen Dresden. Hrsg. von Claudia Schnitzer & Petra Hölscher. Dresden 2000

Stenke, Gudrun: Festarchitektur. In: Matthäus Daniel Pöppelmann 1662-1736 (Ausst.Kat.). Staatliche Kunstsammlungen Dresden, 1987, S. 121-126

Tintelot, Hans: Barocktheater und barocke Kunst. Die Entwicklungsgeschichte der Fest- und Theater-Dekorationen in ihrem Verhältnis zur barocken Kunst. Berlin 1939

Tzschimmer, Gabriel: Durchlauchtigste Zusammenkunfft [...]. Nürnberg 1680

# Bildnachweis

Sächsische Landesbibliothek – Staats- und Universitätsbibliothek, Dezernat Deutsche Fotothek: S. 8 (F. Hahn); 16, 22, 23, 26 (Loos); 27 (Seifert); 32 (Seifert); 38 oben (F. Richter); 38 unten, 42, 84, 85, (F. Möbius); 40 oben (F. Döring); 40 unten (F. Harkert & Sohn); 41; 63, 83 (F. Rous); 61; 64; 65; 80 (F. Würker)

Staatliche Kunstsammlungen Dresden:
Kupferstich-Kabinett: S. 19 (H. Boswank); 24, 28, 30 unten, 34, 55 (Estel); 29, 36/37 (Kuhn); 30 oben (Schurz)
Skulpturensammlung: S. 68, 69 (J. Karpinski)

Staatliche Schlösser und Gärten Dresden: S. 6, 15, 43 (Schöner); 44, 45, 47, 48, 49, 50/51, 53, 54 oben und unten, 56/57, 71, 72, 73 oben und unten, 76, 77, 81, 82 (Höhler); 58

Stadt- und Spielzeugmuseum Trauenstein: S. 67

Verlagsarchiv: S. 31, 39

Sachsen-Anhalt
14
Torgau
Leipzig
Riesa
12
15
Meiße
16
17
13
18
14
4
Freiberg
Meerane
21
Chemnitz
Crimmitschau
Glauchau
20
Freistaat
Thüringen
Zwickau
19
Aue
Plauen
72
Freistaat
Bayern

# Freistaat Sachsen

Sächsische Schlösserverwaltung im Landesamt für Finanzen
Stauffenbergallee 2, 01099 Dresden
Telefon (03 51) 8 27 46 32, Fax (03 51) 8 27 46 02
Internet: www.sachsen.de/schloesser

1 Dresdner Zwinger

2 Stallhof

3 Brühlsche Terrasse/Kasematten
*Postanschrift für 1–3:*
Staatliche Schlösser und Gärten Dresden
Brühlsche Terrasse/Zwinger/Stallhof
Zwinger/Theaterplatz, 01067 Dresden
Tel. (03 51) 4 91 46 01, Fax (03 51) 4 91 46 25
Internet: www.schloesser-dresden.de

4 Großer Garten
Staatliche Schlösser und Gärten Dresden
Großer Garten
Kavaliershaus G, Hauptallee 5, 01219 Dresden
Tel. (03 51) 4 45 66 00, Fax (03 51) 4 45 67 22
Internet: www.schloesser-dresden.de

5 Schloss und Park Pillnitz
Staatliche Schlösser und Gärten Dresden
Schloss Pillnitz
Fliederhof/Kapellenflügel, 01326 Dresden
Tel. (03 51) 2 61 32 60, Fax (03 51) 2 61 32 80
Internet: www.schloesser-dresden.de

6 Barockschloss Rammenau
Am Schloss 4, 01877 Rammenau
Tel. (0 35 94) 70 35 59, Fax (0 35 94) 70 59 83
Internet: www.barockschloss-rammenau.com

7 Burg Stolpen
Schlossstraße 10, 01833 Stolpen
Tel. (03 59 73) 2 34 10, Fax (03 59 73) 2 34 19
Internet: www.burg-stolpen.de

8 Festung Königstein
01824 Königstein
Tel. (03 50 21) 6 46 07, Fax (03 50 21) 6 46 09
Internet: www.festung-koenigstein.de

9 Barockgarten Großsedlitz
Parkstraße 85, 01809 Heidenau
Tel. (0 35 29) 5 63 90, Fax (0 35 29) 56 39 99
Internet: www.barockgarten-grosssedlitz.de

10 Schloss Weesenstein
Am Schlossberg 1, 01809 Müglitztal
Tel. (03 50 27) 54 36, Fax (03 50 27) 55 52
Internet: www.schloss-weesenstein.de

11 Schloss Moritzburg
01468 Moritzburg
Tel. (03 52 07) 87 30, Fax (03 52 07) 8 73 11

12 Albrechtsburg Meissen
Domplatz 1, 01662 Meißen
Tel. (0 35 21) 4 70 70, Fax (0 35 21) 47 07 11
Internet: www.albrechtsburg-meissen.de

13 Schloss Nossen

14 Klosterpark Altzella
01683 Nossen
Tel. (03 52 42) 5 04 30, Fax (03 52 42) 5 04 33
Internet: www.schloss-nossen.de

15 Burg Mildenstein
Burglehn 6, 04703 Leisnig
Tel. (03 43 21) 1 26 52, Fax (03 43 21) 5 15 37
Internet: www.burg-mildenstein.de

16 Burg Gnandstein
Burgstraße 3, 04655 Kohren-Sahlis
Tel. (03 43 44) 6 13 09, Fax (03 43 44) 6 13 83

17 Burg Kriebstein
09648 Kriebstein
Tel. (03 43 27) 95 20, Fax (03 43 27) 9 52 22
Internet: www.burg-kriebstein.de

18 Schloss Rochlitz
Sörnziger Weg 1, 09306 Rochlitz
Tel. (0 37 37) 49 23 10, Fax (0 37 37) 49 23 12
Internet: www.schloss-rochlitz.de

19 Burg Scharfenstein
Schlossberg 1, 09435 Scharfenstein
Tel. (0 37 25) 7 07 20, Fax (0 37 25) 70 72 50
Internet: www.burg-scharfenstein.de

20 Schloss Augustusburg
09573 Augustusburg
Tel. (03 72 91) 38 00, Fax (03 72 91) 3 80 24
Internet: www.augustusburg-schloss.de

21 Schloss und Park Lichtenwalde
Schlossallee 1, 09577 Lichtenwalde
Tel. (03 72 91) 3800, Fax (03 72 91) 3 80 24
Internet: www.augustusburg-schloss.de